January 18, 1999

What do I consider my most important Contributions?

- That I early on — almost sixty years ago — realized that MANAGEMENT has become the constitutive organ and function of the <u>Society of Organizations</u>;

- That MANAGEMENT is not "Business Management- though it first attained attention in business- but the governing organ of ALL institutions of Modern Society;

- That I established the study of MANAGEMENT as a DISCIPLINE in its own right; and

- That I focused this discipline on People and Power; on Values; Structure and Constitution; AND ABOVE ALL ON RESPONSIBILITIES- that is focused the <u>Discipline of Management</u> on Management as a truly LIBERAL ART.

Peter F. Drucker

我认为我最重要的贡献是什么？

- 早在60年前，我就认识到管理已经成为组织社会的基本器官和功能；
- 管理不仅是"企业管理"，而且是所有现代社会机构的管理器官，尽管管理最初侧重于企业管理；
- 我创建了管理这门独立的学科；
- 我围绕着人与权力、价值观、结构和方式来研究这一学科，尤其是围绕着责任。管理学科是把管理当作一门真正的人文艺术。

彼得·德鲁克
1999年1月18日

注：资料原件打印在德鲁克先生的私人信笺上，并有德鲁克先生亲笔签名，现藏于美国德鲁克档案馆。为纪念德鲁克先生，本书特收录这一珍贵资料。本资料由德鲁克管理学专家那国毅教授提供。

彼得·德鲁克和妻子多丽丝·德鲁克

德鲁克妻子多丽丝寄语中国读者

在此谨向广大的中国读者致以我诚挚的问候。本书深入介绍了德鲁克在管理领域方面的多种理念和见解。我相信他的管理思想得以在中国广泛应用,将有赖出版及持续的教育工作,令更多人受惠于他的馈赠。

盼望本书可以激发各位对构建一个令人憧憬的美好社会的希望,并推动大家在这一过程中积极发挥领导作用,他的在天之灵定会备感欣慰。

Doris Drucker

本页照片和多丽丝寄语原文与亲笔签名由彼得·德鲁克管理学院提供

非营利组织的管理

[美] 彼得·德鲁克 著

吴振阳 等译

Managing the Non-Profit Organization

Principles and Practices

彼得·德鲁克全集

机械工业出版社
CHINA MACHINE PRESS

图书在版编目（CIP）数据

非营利组织的管理 /（美）彼得·德鲁克（Peter F. Drucker）著；吴振阳等译. —北京：机械工业出版社，2018.6（2025.4 重印）
（彼得·德鲁克全集）
书名原文：Managing the Non-profit Organization: Principles and Practices

ISBN 978-7-111-60097-8

I. 非… II. ①彼… ②吴… III. 非营利组织－组织管理 IV. F272.9

中国版本图书馆 CIP 数据核字（2018）第 103874 号

北京市版权局著作权合同登记　图字：01-2007-1796 号。

Peter F. Drucker. Managing the Non-profit Organization: Principles and Practices.
Copyright © 1990 by Peter F. Drucker.
Chinese (Simplified Characters only) Trade Paperback Copyright © 2019 by China Machine Press.
This edition arranged with HarperBusiness, an imprint of HarperCollins Publishers through Bardon-Chinese Media Agency.
No part of this book may be reproduced or transmitted in any form or by any means, electronic or mechanical, including photocopying, recording or any information storage and retrieval system, without permission, in writing, from the publisher.
All rights reserved.

本书中文简体字版由 HarperBusiness（HarperCollins 的分支机构）通过 Bardon-Chinese Media Agency 授权机械工业出版社在中国大陆地区（不包括香港、澳门特别行政区及台湾地区）独家出版发行。未经出版者书面许可，不得以任何方式抄袭、复制或节录本书中的任何部分。

本书两面插页所用资料由彼得·德鲁克管理学院和那国毅教授提供。封面中签名摘自德鲁克先生为彼得·德鲁克管理学院的题词。

非营利组织的管理

出版发行：机械工业出版社（北京市西城区百万庄大街 22 号　邮政编码：100037）				
责任编辑：岳晓月			责任校对：李秋荣	
印　　刷：固安县铭成印刷有限公司			版　　次：2025 年 4 月第 1 版第 9 次印刷	
开　　本：170mm×230mm　1/16			印　　张：16.75	
书　　号：ISBN 978-7-111-60097-8			定　　价：79.00 元	

客服电话：(010) 88361066　68326294

版权所有·侵权必究
封底无防伪标均为盗版

如果您喜欢彼得·德鲁克（Peter F. Drucker）或者他的书籍，那么请您尊重德鲁克。不要购买盗版图书，以及以德鲁克名义编纂的伪书。

| 目 录 |

推荐序一（邵明路）
推荐序二（赵曙明）
推荐序三（珍妮·达罗克）
前言
致谢

第一章　首先确立使命：领导者角色 / 1
　　　　1　奉献精神 / 3
　　　　2　领导工作充满艰险 / 9
　　　　3　设定新目标：弗朗西斯·赫塞尔宾
　　　　　　访谈录 / 30
　　　　4　领导者负债：马克斯·德普雷访谈录 / 38
　　　　5　小结：实践原则 / 45

第二章　从使命到成果：
　　　　市场营销、创新和基金发展的有效战略 / 51
　　　　1　实现理想 / 53

2　制胜战略 / 60

　　3　定义市场：菲利普·科特勒访谈录 / 75

　　4　构建捐赠群体：达德利·哈夫纳访谈录 / 87

　　5　小结：实践原则 / 99

第三章　绩效管理：绩效的定义与测评 / 105

　　1　无底线时如何确定底线 / 107

　　2　不该做的和该做的：基本规则 / 114

　　3　有效决策 / 123

　　4　如何落实学校职责：艾伯特·尚克访谈录 / 133

　　5　小结：实践原则 / 141

第四章　人力资源与关系网络：
　　　　职员、董事会、志愿者和社区 / 147

　　1　人力资源决策 / 149

　　2　重要关系 / 161

　　3　从志愿者到义工：利奥·巴特尔神甫访谈录 / 166

　　4　卓有成效的董事会：戴维·哈伯德牧师访谈录 / 175

　　5　小结：实践原则 / 184

第五章　自我发展：个人、管理者和领导者 / 189

　　1　勇于承担责任 / 191

　　2　你希望被人记住的是什么 / 197

3　非营利组织是第二职业：罗伯特·比福德访谈录　/ 206
4　非营利组织的女性主管：罗克珊·斯皮策－莱曼
　　访谈录　/ 212
5　小结：实践原则　/ 222

译者后记　/ 227

| 推荐序一 |

功能正常的社会和博雅管理
为"彼得·德鲁克全集"作序

享誉世界的"现代管理学之父"彼得·德鲁克先生自认为,虽然他因为创建了现代管理学而广为人知,但他其实是一名社会生态学者,他真正关心的是个人在社会环境中的生存状况,管理则是新出现的用来改善社会和人生的工具。他一生写了39本书,只有15本书是讲管理的,其他都是有关社群(社区)、社会和政体的,而其中写工商企业管理的只有两本书(《为成果而管理》和《创新与企业家精神》)。

德鲁克深知人性是不完美的,因此人所创造的一切事物,包括人设计的社会也不可能完美。他对社会的期待和理想并不高,那只是一个较少痛苦,还可以容忍的社会。不过,它还是要有基本的功能,为生活在其中的人提供可以正常生活和工作的条件。这些功能或条件,就好像一个生命体必须具备正常的生命特征,没有它们社会也就不成其为社会了。值得留意的是,社会并不等同于"国家",因为"国(政府)"和"家(家庭)"不可能提供一个社会全部必要的职能。在德鲁克眼里,功能正常的社会至少要由三大类机构组成:政府、企业和非营利机构，它们各自发挥不同性质的作用，每一类、每一个机构中都要有能解决问题、令机构创造出独特绩效的权力中心和决策机制，这个权力中心和决策机制同时也要让机构里的每个人各得其所，既有所担当、做出贡献，又得到生计和身份、地位。这些在过去的国家中从来没有过的权力中心和决策机制，或者说新的"政体"，就是"管理"。在这里德鲁克把企业和非营利机构中的管理体制与政府的统治体制统称为"政体"，是因为它们都掌握权力，但是，这是两种性质截然不同的权力。企业和非营利机构掌握的，是为了提供特定的产品和服务，而调配社会资源的权力，政府所拥有的，则是维护整个社会的公平、正义的裁夺和干预的权力。

在美国克莱蒙特大学附近，有一座小小的德鲁克纪念馆，走进这座用他的故居改成的纪念馆，正对客厅入口的显眼处有一段他的名言：

> 在一个由多元的组织所构成的社会中，使我们的各种组织机构负责任地、独立自治地、高绩效地运作，是自由和尊严的唯一保障。有绩效的、负责任的管理是对抗和替代极权专制的唯一选择。

当年纪念馆落成时，德鲁克研究所的同事们问自己，如果要从德鲁克的著作中找出一段精练的话，概括这位大师的毕生工作对我们这个世界的意义，会是什么？他们最终选用了这段话。

如果你了解德鲁克的生平，了解他的基本信念和价值观形成的过程，你一定会同意他们的选择。从他的第一本书《经济人的末日》到他独自完成的最后一本书《功能社会》之间，贯穿着一条抵制极权专制、捍卫个人自由和尊严的直线。这里极权的极是极端的极，不是集中的集，两个词一字之差，其含义却有着重大区别，因为人类历史上由来已久的中央集权统治直到 20 世纪才有条件变种成极权主义。极权主义所谋求的，是从肉体到精神，全面、彻底地操纵和控制人类的每一个成员，把他们改造成实现个别极权主义者梦想的人形机器。20 世纪给人类带来最大灾难和伤害的战争和运动，都是极权主义的"杰作"，德鲁克青年时代经历的希特勒纳粹主义正是其中之一。要了解德鲁克的经历怎样影响了他的信念和价值观，最好去读他的《旁观者》；要弄清什么是极权主义和为什么大众会拥护它，可以去读汉娜·阿伦特 1951 年出版的《极权主义的起源》。

好在历史的演变并不总是令人沮丧。工业革命以来，特别是从 1800 年开始，最近这 200 年生产力呈加速度提高，不但造就了物质的极大丰富，还带来社会结构的深刻改变，这就是德鲁克早在 80 年前就敏锐地洞察和指出的，多元的、组织型的新社会的形成：新兴的企业和非营利机构填补了由来已久的"国（政府）"和"家（家庭）"之间的断层和空白，为现代国家提供了真正意义上的种种社会功能。在这个基础上，教育的普及和知识工作者的崛起，正在造就知识经济和知识社会，而信息科技成为这一切变化的加速器。要特别说明，"知识工作者"是德鲁克创造的一个称谓，泛指具备和应用专门知识从事生产工作，为社会创造出有用的产品和服务的人群，这包括企业家和在任何机构中的管理者、专业人士和技工，也包括社会上的独立执业人士，如会计师、律师、咨询师、培训师等。在 21 世纪的今天，由于知识的应用领域一再被扩大，个人和个别机构不再是孤独无助的，他们因为掌握了某项知识，就拥有了选择的自由和影响他人的权力。知识工作者和由他们组成的知识型组织不再是传统的知识分子或组织，知识工作者最大的特点就是他们的独立自主，可以主动地整合资源、创造价值，促成经济、社会、文化甚至政治层面的改变，而传统的知识分子只能依附于当时的统治当局，在统治当局提供的平台上才能有所作为。这是一个划时代的、意义深远的变化，而且这个变化不仅发生在西方发达国家，也发生在发展中国家。

在一个由多元组织构成的社会中，拿政府、企业和非营利机构这三类组织相互比较，企业和非营利机构因为受到市场、公众和政府的制约，它们的管理者不可能像政府那样走上极权主义统治，这是它们在德鲁克看来，比政府更重要、更值得寄予希望的原因。尽管如此，它们仍然可能因为管理缺位或者管理失当，例如官僚专制，不能达到德鲁克期望的"负责任地、高绩效地运作"，从而为极权专制垄断社会资源让出空间、提供机会。在所有机构中，包括在互联网时代虚拟的工作社群中，知识工作者的崛起既为新的管理提供了基础和条件，也带来对传统的"胡萝卜加大棒"管理方式的挑战。德鲁克正是因应这样的现实，研究、创立和不断完善现代管理学的。

1999 年 1 月 18 日，德鲁克接近 90 岁高龄，在回答"我最重要的贡献是什么"这个问题时，他写了下面这段话：

> 我着眼于人和权力、价值观、结构和规范去研究管理学，而在所有这些之上，我聚焦于"责任"，那意味着我是把管理学当作一门真正的"博雅技艺"来看待的。

给管理学冠上"博雅技艺"的标识是德鲁克的首创，反映出他对管理的独特视角，这一点显然很重要，但是在他众多的著作中却没找到多少这方面的进一步解释。最完整的阐述是在他的《管理新现实》这本书第 15 章

第五小节，这节的标题就是"管理是一种博雅技艺"：

> 30年前，英国科学家兼小说家斯诺（C. P. Snow）曾经提到当代社会的"两种文化"。可是，管理既不符合斯诺所说的"人文文化"，也不符合他所说的"科学文化"。管理所关心的是行动和应用，而成果正是对管理的考验，从这一点来看，管理算是一种科技。可是，管理也关心人、人的价值、人的成长与发展，就这一点而言，管理又算是人文学科。另外，管理对社会结构和社群（社区）的关注与影响，也使管理算得上是人文学科。事实上，每一个曾经长年与各种组织里的管理者相处的人（就像本书作者）都知道，管理深深触及一些精神层面关切的问题——像人性的善与恶。
>
> 管理因而成为传统上所说的"博雅技艺"（liberal art）——是"博雅"（liberal），因为它关切的是知识的根本、自我认知、智慧和领导力，也是"技艺"（art），因为管理就是实行和应用。管理者从各种人文科学和社会科学中——心理学和哲学、经济学和历史、伦理学，以及从自然科学中，汲取知识与见解，可是，他们必须把这种知识集中在效能和成果上——治疗病人、教育学生、建造桥梁，以及设计和销售容易使用的软件程序等。

作为一个有多年实际管理经验，又几乎通读过德鲁克全部著作的人，我曾经反复琢磨过为什么德鲁克要说管理学其实是一门"博雅技艺"。我终于意识到这并不仅仅是一个标新立异的溢美之举，而是在为管理定性，它揭示了管理的本质，提出了所有管理者努力的正确方向。这至少包括了以下几重含义：

第一，管理最根本的问题，或者说管理的要害，就是管理者和每个知识工作者怎么看待与处理人和权力的关系。德鲁克是一位基督徒，他的宗教信仰和他的生活经验相互印证，对他的研究和写作产生了深刻的影响。在他看来，人是不应该有权力（power）的，只有造人的上帝或者说造物主才拥有权力，造物主永远高于人类。归根结底，人性是软弱的，经不起权力的引诱和考验。因此，人可以拥有的只是授权（authority），也就是人只是在某一阶段、某一事情上，因为所拥有的品德、知识和能力而被授权。不但任何个人是这样，整个人类也是这样。民主国家中"主权在民"，但是人民的权力也是一种授权，是造物主授予的，人在这种授权之下只是一个既有自由意志，又要承担责任的"工具"，他是造物主的工具而不能成为主宰，不能按自己的意图去操纵和控制自己的同类。认识到这一点，人才会谦卑而且有责任感，他们才会以造物主才能够掌握、人类只能被其感召和启示的公平正义，去时时检讨自己，也才会甘愿把自己置于外力强制的规范和约束之下。

第二，尽管人性是不完美的，但是人彼此平等，都有自己的价值，都有自己的创造能力，都有自己的功能，都应该被尊敬，而且应该被鼓励去创造。美国的独立宣言和宪法中所说的，人生而平等，每个人都有与生俱来、不证自明的权利（rights），正是从这一信念而来的，这也是德鲁克的管理学之所以可以有所作为的根本依据。管理者是否相信每个人都有善意和潜力？是否真的对所有人都平等看待？这些基本的或者说核心的价值观和信念，最终决定他们是否能和德鲁克的学说发生感应，是否真的能理解和实行它。

第三，在知识社会和知识型组织里，每一个工作者在某种程度上，都既是知识工作者，也是管理者，因为他可以凭借自己的专门知识对他人和组织产生权威性的影响——知识就是权力。但是权力必须和责任捆绑在一起。而一个管理者是否负起了责任，要以绩效和成果做检验。凭绩效和成果问责的权力是正当和合法的权力，也就是授权（authority），否则就成为德鲁克坚决反对的强权（might）。绩效和成果之所以重要，不但在经济和物质层面，而且在心理层面，都会对人们产生影响。管理者和领导者如果持续不能解决现实问题，大众在彻底失望之余，会转而选择去依赖和服从强权，同时甘愿交出自己的自由和尊严。这就是为什么德鲁克一再警告，如果管理失败，极权主义就会取而代之。

第四，除了让组织取得绩效和成果，管理者还有没有其他的责任？或者换一种说法，绩效和成果仅限于可量化的经济成果和财富吗？对一个工商企业来说，除了为客户提供价廉物美的产品和服务、为股东赚取合理的利润，能否同时成为一个良好的、负责任的"社会公民"，能否同时帮助自己的员工在品格和能力两方面都得到提升呢？这似乎是一个太过苛刻的要求，但它是一个合理的要求。我个人在十多年前，和一家这样要求自己的后勤服务业的跨国公司合作，通过实践认识到这是可能的。这意味着我们必须学会把伦理道德的诉求和经济目标，设计进同一个工作流程、同一套衡量系统，直至每一种方法、工具和模式中去。值得欣慰的是，今天有越来越多的机构开始严肃地对待这个问题，在各自的领域做出肯定的回答。

第五，"作为一门博雅技艺的管理"或称"博雅管理"，这个讨人喜爱的中文翻译有一点儿问题，从翻译的"信、达、雅"这三项专业要求来看，雅则雅矣，信有不足。liberal art 直译过来应该是"自由的技艺"，但最早的繁体字中文版译成了"博雅艺术"，这可能是想要借助它在中国语文中的褒义，我个人还是觉得"自由的技艺"更贴近英文原意。liberal 本身就是自由。art 可以译成艺术，但管理是要应用的，是要产生绩效和成果的，所以它首先应该是一门"技能"。另一方面，管理的对象是人们的工作，和人打交道一定会面对人性的善恶，人的千变万化的意念——感性的和理性的，从这个角度看，管理又是一门涉及主观判断的"艺术"。所以 art 其实更适合解读为"技艺"。liberal——自由，art——技艺，把两者合起来就是"自由技艺"。

最后我想说的是，我之所以对 liberal art 的翻译这么咬文嚼字，是因为管理学并不像人们普遍认为的那样，是一个人或者一个机构的成功学。它不是旨在让一家企业赚钱，在生产效率方面达到最优，也不是旨在让一家非营利机构赢得道德上的美誉。它旨在让我们每个人都生存在其中的人类社会和人类社群（社区）更健康，使人们较少受到伤害和痛苦。让每个工作者，按照他与生俱来的善意和潜能，自由地选择他自己愿意在这个社会或社区中所承担的责任；自由地发挥才智去创造出对别人有用的价值，从而履行这样的责任；并且在这样一个创造性工作的过程中，成长为更好和更有能力的人。这就是德鲁克先生定义和期待的，管理作为一门"自由技艺"，或者叫"博雅管理"，它的真正的含义。

邵明路

彼得·德鲁克管理学院创办人

| 推荐序二 |

跨越时空的管理思想

20多年来,机械工业出版社关于德鲁克先生著作的出版计划在国内学术界和实践界引起了极大的反响,每本书一经出版便会占据畅销书排行榜,广受读者喜爱。我非常荣幸,一开始就全程参与了这套丛书的翻译、出版和推广活动。尽管这套丛书已经面世多年,然而每次去新华书店或是路过机场的书店,总能看见这套书静静地立于书架之上,长盛不衰。在当今这样一个强调产品迭代、崇尚标新立异、出版物良莠难分的时代,试问还有哪本书能做到这样呢?

如今,管理学研究者们试图总结和探讨中国经济与中国企业成功的奥秘,结论众说纷纭、莫衷一是。我想,企业成功的原因肯定是多种多样的。中国人讲求天时、地利、人和,缺一不可,其中一定少不了德鲁克先生著作的启发、点拨和教化。从中国老一代企业家(如张瑞敏、任正非),及新一代的优秀职业经理人(如方洪波)的演讲中,我们常常可以听到来自先生的真知灼见。在当代管理学术研究中,我们也可以常常看出先生的思想指引和学术影响。我常常对学生说,当你不能找到好的研究灵感时,可以去翻翻先生的著作;当你对企业实践困惑不解时，也可以把先生的著作放在床头。简言之，要想了解现代管理理论和实践，首先要从研读德鲁克先生的著作开始。基于这个原因，1991年我从美国学成回国后，在南京大学商学院图书馆的一角专门开辟了德鲁克著作之窗，并一手创办了德鲁克论坛。至今，我已在南京大学商学院举办了100多期德鲁克论坛。在这一点上，我们也要感谢机械工业出版社为德鲁克先生著作的翻译、出版和推广付出的辛勤努力。

在与企业家的日常交流中，当发现他们存在各种困惑的时候，我常常推荐企业家阅读德鲁克先生的著作。这是因为，秉持奥地利学派的一贯传统，德鲁克先生总是将企业家和创新作为著作的中心思想之一。他坚持认为："优秀的企业家和企业家精神是一个国家最为重要的资源。"在企业发展过程中，企业家总是面临着效率和创新、制度和个性化、利润和社会责任、授权和控制、自我和他人等不同的矛盾与冲突。企业家总是在各种矛盾与冲突中成长和发展。现代工商管理教育不但需要传授建立现代管理制度的基本原理和准则，同时也要培养一大批具有优秀管理技能的职业经理人。一个有效的组织既离不开良好的制度保证，同时也离不开有效的管理者，两者缺一不可。这是因为，一方面，企业家需要通过对管理原则、责任和实践进行研究，探索如何建立一个有效的管理机制和制度，而衡量一个管理制度是否有效的标准就在于该制度能否将管理者个人特征的影响降到最低限度；另一方面，一个再高明的制度，如果没有具有职业道德的员工和管理者的遵守，制度也会很容易土崩瓦解。换言之，一个再高效的组织，如果缺乏有效的管理者和员工，组织的效率也不可能得到实现。虽然德鲁克先生的大部分著作是有关企业管理的，但是我们可以看到自由、成长、创新、多样化、多元化的思想在其著作中是一以贯之的。正如德鲁克在《旁观者》一书的序言中所阐述的，"未来是'有机体'的时代，由任务、目的、策略、社会的和外在的环境所主导"。很多人喜欢德鲁克提出的概念，但是德鲁克却说，"人比任何概念都有趣多了"。德鲁克本人虽然只是管理的旁观者，但是他对企业家工作的理解、对管理本质的洞察、对人性复杂性的观察，鞭辟入里、入木三分，这也许就是企业家喜爱他的著作的原因吧！

德鲁克先生从研究营利组织开始，如《公司的概念》（1946年），到研究非营利组织，如《非营利组织的管理》（1990年），再到后来研究社会组织，如《功能社会》（2002年）。虽然德鲁克先生的大部分著作出版于20世纪六七十年代，然而其影响力却是历久弥新的。在他的著作中，读者很容易找到许多最新的管理思想的源头，同时也不难获悉许多在其他管理著作中无法找到的"真知灼见"，从组织的使命、组织的目标以及工商企业与服务机构的异同，到组织绩效、富有效率的员工、员工成就、员工福利和知识工作者，再到组织的社会影响与社会责任、企业与政府的关系、管理者的工作、管理工作的设计与内涵、管理人员的开发、目标管理与自我控制、中层管理者和知识型组织、有效决策、管理沟通、管理控制、面向未来的管理、组织的架构与设计、企业的合理规模、多角化经营、多国公司、企业成长和创新型组织等。

30多年前在美国读书期间，我就开始阅读先生的著作，学习先生的思想，并聆听先生的课堂教学。回国以后，我一直把他的著作放在案头。尔后，每隔一段时间，每每碰到新问题，就重新温故。令人惊奇的是，随着阅历的增长、知识的丰富，每次重温的时候，竟然会生出许多不同以往的想法和体会。仿佛这是一座挖不尽的宝藏，让人久久回味，有幸得以伴随终生。一本著作一旦诞生，就独立于作者、独立于时代而专属于每个读者，不同地理区域、不同文化背景、不同时代的人都能够从中得到启发、得到教育。这样的书是永恒的、跨越时空的。我想，德鲁克先生的著作就是如此。

特此作序，与大家共勉！

南京大学人文社会科学资深教授、商学院名誉院长

博士生导师

2018年10月于南京大学商学院安中大楼

| 推荐序三 |

彼得·德鲁克与伊藤雅俊管理学院是因循彼得·德鲁克和伊藤雅俊命名的。德鲁克生前担任玛丽·兰金·克拉克社会科学与管理学教席教授长达三十余载,而伊藤雅俊则受到日本商业人士和企业家的高度评价。

彼得·德鲁克被称为"现代管理学之父",他的作品涵盖了39本著作和无数篇文章。在德鲁克学院,我们将他的著述加以浓缩,称之为"德鲁克学说",以撷取德鲁克著述在五个关键方面的精华。

我们用以下框架来呈现德鲁克著述的现实意义,并呈现他的管理理论对当今社会的深远影响。

这五个关键方面如下。

(1)**对功能社会重要性的信念**。一个功能社会需要各种可持续性的组织贯穿于所有部门,这些组织皆由品行端正和有责任感的经理人来运营,他们很在意自己为社会带来的影响以及所做的贡献。德鲁克有两本书堪称他在功能社会研究领域的奠基之作。第一本书是《经济人的末日》(1939年),"审视了法西斯主义的精神和社会根源"。然后,在接下来出版的《工业人的未来》（1942年）一书中，德鲁克阐述了自己对第二次世界大战后社会的展望。后来，因为对健康组织对功能社会的重要作用兴趣盎然，他的主要关注点转到了商业。

（2）**对人的关注**。德鲁克笃信管理是一门博雅艺术，即建立一种情境，使博雅艺术在其中得以践行。这种哲学的宗旨是：管理是一项人的活动。德鲁克笃信人的潜质和能力，而且认为卓有成效的管理者是通过人来做成事情的，因为工作会给人带来社会地位和归属感。德鲁克提醒经理人，他们的职责可不只是给大家发一份薪水那么简单。

对于如何看待客户，德鲁克也采取"以人为本"的思想。他有一句话人人知晓，即客户决定了你的生意是什么，这门生意出品什么以及这门生意日后能否繁荣，因为客户只会为他们认为有价值的东西买单。理解客户的现实以及客户崇尚的价值是"市场营销的全部所在"。

（3）**对绩效的关注**。经理人有责任使一个组织健康运营并且持续下去。考量经理人的凭据是成果，因此他们要为那些成果负责。德鲁克同样认为，成果负责制要渗透到组织的每一个层面，务求淋漓尽致。

制衡的问题在德鲁克有关绩效的论述中也有所反映。他深谙若想提高人的生产力，就必须让工作给他们带来社会地位和意义。同样，德鲁克还论述了在延续性和变化二者间保持平衡的必要性，他强调面向未来并且看到"一个已经发生的未来"是经理人无法回避的职责。经理人必须能够探寻复杂、模糊的问题，预测并迎接变化乃至更新所带来的挑战，要能看到事情目前的样貌以及可能呈现的样貌。

（4）**对自我管理的关注**。一个有责任心的工作者应该能驱动他自己，能设立较高的绩效标准，并且能控制、衡量并指导自己的绩效。但是首先，卓有成效的管理者必须能自如地掌控他们自己的想法、情绪和行动。换言之，内在意愿在先，外在成效在后。

（5）**基于实践的、跨学科的、终身的学习观念**。德鲁克崇尚终身学习，因为他相信经理人必须要与变化保持同步。但德鲁克曾经也有一句名言："不要告诉我你跟我有过一次精彩的会面，告诉我你下周一打算有哪些不同。"这句话的意思正如我们理解的，我们必须关注"周一早上的不同"。

这些就是"德鲁克学说"的五个支柱。如果你放眼当今各个商业领域，就会发现这五个支柱恰好代表了五个关键方面，它们始终贯穿交织在许多公司使命宣言传达的讯息中。我们有谁没听说过高管宣称要回馈他们的社区，要欣然采纳以人为本的管理方法和跨界协同呢？

彼得·德鲁克的远见卓识在于他将管理视为一门博雅艺术。他的理论鼓励经理人去应用"博雅艺术的智慧和操守课程来解答日常在工作、学校和社会中遇到的问题"。也就是说，经理人的目光要穿越学科边界来解决这世上最棘手的一些问题，并且坚持不懈地问自己："你下周一打算有哪些不同？"

彼得·德鲁克的影响不限于管理实践，还有管理教育。在德鲁克学院，我们用"德鲁克学说"的五个支柱来指导课程大纲设计，也就是说，我们按照从如何进行自我管理到组织如何介入社会这个次序来给学生开设课程。

德鲁克学院一直十分重视自己的毕业生在管理实践中发挥的作用。其实，我们的使命宣言就是：

> 通过培养改变世界的全球领导者，来提升世界各地的管理实践。

有意思的是，世界各地的管理教育机构也很重视它们的学生在实践中的表现。事实上，这已经成为国际精英商学院协会（AACSB）认证的主要标志之一。国际精英商学院协会"始终致力于增进商界、学者、机构以及学生之间的交融，从而使商业教育能够与商业实践的需求步调一致"。

最后我想谈谈德鲁克和管理教育，我的观点来自2001年11月 *BizEd* 杂志第1期对彼得·德鲁克所做的一次访谈，这本杂志由商学院协会出版，受众是商学院。在访谈中，德鲁克被问道：在诸多事项中，有哪三门课最重要，是当今商学院应该教给明日之管理者的？

德鲁克答道：

> 第一课，他们必须学会对自己负责。太多的人仍在指望人事部门来照顾他们，他们不知道自己的优势，不知道自己的归属何在，他们对自己毫不负责。
>
> 第二课也是最重要的，要向上看，而不是向下看。焦点仍然放在对下属的管理上，但应开始关注如何成为一名管理者。管理你的上司比管理下属更重要。所以你要问："我应该为组织贡献什么？"
>
> 最后一课是必须修习基本的素养。是的，你想让会计做好会计的事，但你也想让她了解其他组织的功能何在。这就是我说的组织的基本素养。这类素养不是学一些相关课程就行了，而是与实践经验有关。

凭我一己之见，德鲁克在2001年给出的这则忠告，放在今日仍然适用。卓有成效的管理者需要修习自我管理，需要向上管理，也需要了解一个组织的功能如何与整个组织契合。

彼得·德鲁克对管理实践的影响深刻而巨大。他涉猎广泛,他的一些早期著述,如《管理的实践》(1954年)、《卓有成效的管理者》(1966年)以及《创新与企业家精神》(1985年),都是我时不时会翻阅研读的书籍,每当我作为一个商界领导者被诸多问题困扰时,我都会从这些书中寻求答案。

珍妮·达罗克
彼得·德鲁克与伊藤雅俊管理学院院长
亨利·黄市场营销和创新教授
美国加州克莱蒙特市

| 前　言 |

40年前,当我刚开始与非营利组织打交道时,在美国社会中政府机构和大型企业占据主导地位,而非营利组织通常被认为处于边缘地带。事实上,非营利组织自身也普遍认同这种观点。当时我们都相信,政府理应有能力承担所有主要的社会责任,而非营利组织的角色只是弥补政府计划的不足或使其锦上添花。

如今,我们对此已有更为深入的了解,知道了非营利组织处于美国社会的中心位置,并且这确实是美国社会一个显著的特征。

现在我们已经知道,政府处理社会问题的能力其实是非常有限的。我们也知道,除了关注特殊需求外,非营利组织还承担着更为繁杂的任务。鉴于每两个成年美国人中就有一个作为志愿者服务于非营利性部门,每周至少为其工作3个小时,可见非营利组织应该是美国国内最大的"雇主"。此外,志愿者同时履行了作为有责任感的美国公民对社区应尽的基本义务,并做出了表率。与40年前一样,非营利性部门的产出仍占美国国民生产总值的2%~3%,但其意义已发生了深刻的变化。如今我们意识到,非营利性部门不仅对美国人的生活质量、公民权利是非常重要的，而且它还承载着美国社会和传统的价值观。

40年前，没有人谈及"非营利组织"或"非营利性部门"。例如，医院只是把自己视为医院，教会就是教会，男童子军和女童子军就是童子军，诸如此类，不胜枚举。渐渐地，我们才开始用"非营利组织"来称呼这些机构。然而，这是一个消极的名称，它仅仅告诉我们这些机构不以盈利为目的。不过这至少也表明，我们已经开始意识到所有这些机构，无论其具体目标有多么不同，还是有一些共同点的。

现在，我们开始意识到这些"共同点"究竟是什么。这些共同点其实并不在于这些机构是"非营利性"的，而在于它们都不是真正意义上的企业；也不在于它们是"非政府的"，而在于它们所做的工作既不同于企业，也不同于政府。企业提供的不外乎商品或服务，政府则是进行调控。一旦顾客购买了某一企业的商品，付了费用并对其感到满意，该企业就算完成了自己的任务；一旦政府的政策卓有成效，政府就算履行了自己的职能。非营利组织既不提供商品或服务，也不实施调控，其"产品"既不是一双鞋，也不是一项卓有成效的法规，而是"经过改变的人类"。非营利组织是人类改造的机构，其"产品"可以是一个康复的病人、一个有学习能力的孩子、一个年轻人成长为自尊自重的成年人，也可以是一个被完全改变的人生。

40年前，"管理"对于非营利组织来说是一个非常负面的字眼，因为对它们而言，管理意味着企业行为，而它们恰恰不是企业。事实上，当时大多数非营利组织相信它们并不需要任何可能被称为"管理"的东西，毕竟，它们没有所谓的"损益"。

对于多数美国人来说，"管理"这个词意味着企业管理。事实上，采访我的报纸或电视台记者总是对于我为非营利组织工作表示惊讶。"您能为它们做些什么？"他们问我，"帮助它们筹集资金吗？"我回答："不，我们为实现它们的使命、领导和管理而共同努力。""但这些都属于企业管理的范畴，不是吗？"记者通常会这样追问。

非营利组织知道自己更加需要管理，因为它们没有传统意义上的"损益"。非营利组织明白自己需要学习如何使用"管理"这个工具，以免因不懂管理而使其发展受到制约；它们知道自己需要管理，以便能致力于实现使命。事实上，在大大小小的非营利组织中，正兴起一股"管理热"。

迄今为止，几乎没有为非营利组织量身定制的领导和管理理论。大多数管理理论都是为满足企业管理的需要发展而来的，很少关注非营利组织与众不同的特征或特殊的关键性需求，例如：很少关注其与企业以及政府机构使命的重大区别，很少关注究竟什么是"非营利性工作"的成果，很少关注其出售服务和获得运营资金的策略，很少关注其因大量依赖志愿者导致无法推行强制性命令而引起的机构改革和调整的种种挑战等。另外，关注非营利组织活动的资料更为匮乏，比如关注非营利组织的人力资源和机构真实情况的资料；关注非营利组织内董事会所扮演的完全不同角色的资料；关注志愿者招募、培训、发展和绩效管理的资料；关注与不同客户之间关系的资料；关注筹款和基金发展的资料；关注志愿者精力耗尽问题的资料（非常独特的方面），这个问题对于非营利组织来说之所以显得如此突出，恰恰是因为志愿者的奉献精神非常强烈。

因此，非营利组织迫切需要大量总结经验、关注其实际情况和焦点问题的资料。正是这种迫切需求引导我的朋友、得克萨斯州泰勒市的罗伯特·比福德（Robert Buford，一位非常成功的企业家）创建了"领袖关系网"。该网络致力于非营利组织，尤其是一些基督教和天主教的大型教会的领导和管理，最近20年上述机构在美国得到了迅速发展。

我有幸在这个重要项目刚开始时就和罗伯特·比福德共事，正是这个经历使我产生了写本书的想法。然而，最早付诸实现的则是由我设计、指导并大部分由我口述的关于《非营利组织领导和管理》的一系列磁带（"德鲁克非营利组织专辑"）的录制发行。

我们选择以磁带作为传播媒介，主要出于以下两方面的考虑：首先，磁带的多功能性意味着人们可以在开车上班的途中收听，也可以在家里或开会时收听。其次，我们还认为有必要为听众提供一些杰出人物的想法和经验，因为他们创建并领导着规模不同但都非常重要的非营利组织。就这一点来看，口头叙述显然比书面表达有更好的效果。因此，在1988年春季，我们发行了一套由25卷、每卷时长为1小时的磁带组成的专辑。这套专辑在各种非营利组织内部得到了广泛使用，尤其适用于培训新员工、新董事会成员以及新的志愿者。

从一开始，我们就考虑写一本面向非营利组织工作者的书。事实上，许多"德鲁克非营利组织专辑"的听众也劝我们将磁带内容以书的形式再次呈现。"除了在磁带里倾听声音，特别是您——彼得·德鲁克和您访问的那些人的声音之外，"听众这么对我说，"我们还想通过文字了解您的思想。"

本书的写作起始于这样一个认识：在过去40年，非营利组织在美国取得了令人瞩目的成就。从许多方面来看，非营利性部门已成为美国蓬勃发展的"朝阳行业"，无论是卫生保健机构（如在重大疾病研究、预防和治疗方面发挥领导作用的美国心脏协会和美国癌症协会，还是公益服务社团（如分别为全球最大的少男少女组织美国男童子军和美国女童子军），或迅速发展的教会和医院，又或是在迅速变化、浮躁不安的美国已开始成为社会活动中心的其他成效斐然的非营利组织，都取得了巨大的成功。

然而，如今非营利组织也面临巨大而且不同以往的挑战。

首先，挑战来自如何使捐赠者转变为奉献者。从捐赠总金额来看，目前美国非营利组织募集到的资金是40年前我首次为它们工作时的很多倍，但其在国民生产总值中的比重仍然不变（2%～3%），我认为这是国家的耻辱，是实质性的失败。这意味着按捐赠金额与收入之比而言，受过良好教育的富有年轻人目前捐赠的数额少于他们的父母（贫穷的蓝领工人）过去捐赠的数额。如果一个经济部门的健康状况以占GNP的比重来评估，那么非营利性部门的健康状况令人担忧。在过去的40年，休闲娱乐支出占GNP的比重比过去增加了一倍多，医疗支出占GNP的比重由过去的2%增加到11%，教育支出尤其是专科和大学教育支出的比重增加了两倍，然而美国民众对于非营利组织——人类改造机构的捐赠占GNP的比重却丝毫没有增加。我们明白不能再指望从捐赠者那里获得更多的资金，但必须使他们变成"奉献者"。我认为这是非营利组织所面临的首要任务。

我们所要做的自然并不仅仅局限于获得更多的捐赠来从事重要的工作。但是，捐赠是必需的，非营利组织借此才能履行它们共同的使命：满足美国人民自我实现、活出理想、活出信仰、活出真我的需要。使捐赠者成为奉献者，意味着美国人能看到他们想要看到的或是他们应该想要看到的形象，正如我们每个人清晨在镜子中看到的自己：一个勇于承担责任的好市民、一个守望相助的好邻居。

其次，非营利组织所面临的第二个主要挑战来自实现社区的共同目标。40 年前，大多数美国人已经不再居住在小镇上，但他们一般都在小镇出生成长。小镇作为一种强制性的社区可能十分沉闷无趣，但它毕竟还算是一个社区。

如今，绝大多数美国人居住在大城市或郊区，他们已经远离了家乡，但仍需要一个社区，所以，为非营利组织无偿工作可以给人们提供社区的归属感、发展目标及方向——无论是与当地的女童子军一起工作，还是在医院当志愿者，或是在当地教堂里担任读经小组的领读。在与非营利组织的志愿者的交谈中，我会反复问："为什么你们愿意奉献你们本可以为薪水而努力工作的全部时间？"我总是得到相同的答案："因为在这里我清楚自己在做什么，在这里我是在奉献自己，我感到自己是这个社区的一员。"

从某种意义上来说，非营利组织就是美国的社区，它们赋予并增强了个人履行公民义务和实现自我价值的能力。虽然志愿者并不满足于有偿工作，希望从无偿奉献中获得更大的满足，但仍然要把他们当作义工来加以管理。然而，大多数非营利组织在这方面还有待学习。我希望通过一些成功的案例而不是简单的说教来使其明白应该如何进行管理。

本书由五章组成：

第一章　首先确立使命：领导者角色

第二章　从使命到成果：市场营销、创新和基金发展的有效战略

第三章　绩效管理：绩效的定义与测评

第四章　人力资源与关系网络：职员、董事会、志愿者和社区

第五章　自我发展：个人、管理者和领导者

在每一章中，首先阐述主题，紧接着是对一两个在非营利性领域获得卓越成就者的访谈。每一部分均包括一个简短的、以实践为中心的总结。

我要感谢许多人的无私帮助。首先，我想表达自己对那些无私贡献经验以使本书得以出版的奉献者——非营利组织领导者的谢意。他们以在自己的机构内取得的成就告诉我们大家，什么是能做的以及该如何去做。

其次，我觉得无法用语言表达对我的朋友罗伯特·比福德的谢意，自始至终，他都给予我坚定的支持、建议以及帮助。作为一个把卓越才能、时间、金钱都奉献给非营利组织——人类改造机构的成功商业领袖，其亲身经历是引导我们取得成功的行动指南。

最后，要感谢本书的三位编辑：磁带专辑的制作人兼编辑菲利普·亨利（Philip Henry）；哈珀·柯林斯图书出版集团的编辑小卡斯·坎菲尔德（Cass Canfield, Jr.），他巧妙地设计了本书的结构，将口头语言转变为书面文字却仍保留了口头交流的通俗易懂；我的老友马里昂·布哈贾尔（Marion Buhagiar），他在过去的日子里常常修订我的文章，却始终尊重我文章的内容及语言的完整性。

谨向他们每一位，献上我最诚挚的感谢！

彼得·德鲁克
1990 年 7 月 4 日于美国加利福尼亚州克莱蒙特

| 致　谢 |

弗朗西斯·赫塞尔宾女士在1976~1990年一直担任世界最大的女性组织——美国女童子军（Daisy Scouts）的全国执行总裁。她现在是彼得·德鲁克非营利组织管理基金会的主席。

马克斯·德普雷是美国赫曼米勒公司（Herman Miller, Inc.）和霍普学院（Hope College）的董事会主席、福勒神学院（Fuller Theological Seminary）的董事会成员，他著有《领导艺术》（*Leadership Is an Art*, Garden City, N. Y., 1989）一书。

菲利普·科特勒在位于美国伊利诺伊州埃文斯顿的西北大学凯洛格管理学院研究生院任教。他的开创性著作《非营利组织的战略营销》（*Strategic Marketing for Non-profit Institutions*）初版于1971年，至今已出版至第4版。

达德利·哈夫纳是美国心脏协会（AHA）的执行副总裁和首席执行官。

艾伯特·尚克是美国劳工联合会–产业工会联合会所属的美国教师联合会（AFL-CIO）的主席。

利奥·巴特尔神甫是美国伊利诺伊州罗克福德天主教主教管区社会部的代理主教。

戴维·哈伯德牧师是美国加利福尼亚州帕萨迪纳富勒神学院的院长。

罗伯特·比福德，比福德电视公司（Buford Television, Inc.）的董事局主席和首席执行官。他创建了两个非营利性机构——领袖关系网（Leadership Network）和彼得·德鲁克非营利组织管理基金会。

罗克珊·斯皮策-莱曼，圣约瑟夫健康系统（St. Joseph Health System）副总裁，该机构是一家位于美国加利福尼亚州奥兰治县的非营利性连锁医院。她于1986年在芝加哥出版了专著《护理生产力》（*Nursing Productivity*）。

1

第一章

首先确立使命
领导者角色

MANAGING THE NON-PROFIT
ORGANIZATION

1　奉献精神

2　领导工作充满艰险

3　设定新目标：弗朗西斯·赫塞尔宾访谈录

4　领导者负债：马克斯·德普雷访谈录

5　小结：实践原则

1 奉献精神

非营利组织的存在给个人和社会带来了深刻变化。我们首先要探讨的是什么样的组织使命是有用的,什么样的组织使命是无用的,以及如何来定义使命。最终的检验标准不是辞藻华丽的使命陈述,而是正确恰当的行动。

非营利组织的管理者经常向我咨询的一个问题是:什么是领导者素质?这个问题似乎假设可以在一所魅力学校里学会领导能力,同时也假设只要具备领导能力就足够了,领导能力本身就是终极目标。然而这是一种误导,一切以自我为中心的领导者会误入歧途。重要的不是领导者的魅力,而是领导者的使命。因此,领导者的第一要务应该是思考并定义组织机构的使命。

确立具体的行动目标

举一个简单普通的例子。一家医院急诊室的使命陈述：我们的使命是为受病痛折磨的人提供保障——简洁、清晰又直观。美国女童子军的使命陈述同样简洁明了：帮助少女成长为自豪、自信和自尊的年轻妇女。美国东海岸一所新教圣公会教堂确定了这样一项使命：使耶稣成为教堂和主教的指南。美国救世军（Salvation Army）的使命则是：使公民不再被社会所抛弃。英国拉格比公学的阿诺德校长——19世纪英国最伟大的教育家，创建了英国公学，把其使命定义为"使绅士告别野蛮状态"。

我所钟爱的其实并不是那些非营利组织的使命定义，而是一家企业的使命定义。使命定义彻底改变了西尔斯公司（Sears）的命运——使其从20世纪初的一家濒临破产、挣扎求存的邮购小公司，在短短的10年间奇迹般地成长为世界领先的零售业巨头。西尔斯表示："我们的使命是为见多识广和反应敏捷的顾客效劳——首先是为美国农场主，然后是为所有美国家庭。"

几乎每一家我所了解的医院都众口一词："我们的使命是保健。"然而，这是个错误的定义。医院所做的其实并非保健，而是治病。我们通常采取不吸烟、不酗酒、晚上早点休息以及控制体重等措施进行保健，只有在生病时才上医院看病。更糟糕的是在阐述了"我们的使命是保健"之后，没有人告诉你他们将采取什么行动或措施来贯彻落实所陈述的使命。使命陈述必须是切实可行的，否则就只是良好的愿望而已。使命陈述必须着眼于组织机构确实计划采取的行动，然后加以贯彻落实，使每个组织成员都能明确地表示："这是我对组织目标的贡献。"

许多年前，我有幸和一家大型医院的主管进行座谈，探讨急诊室的使命陈述。我们用了很长的时间才达成一个非常简单（绝大多数人都认为）并且极其浅显的陈述方式：急诊室就是为受病痛折磨的人提供保障的地方。要做好这一点，必须明确实际行动措施。使医生和护士感到十分惊讶的是，一流急诊室的职能仅仅是如此直白地告诉大多数就诊者：只要就诊者能够一夜安睡，不需照料，就不会有什么问题。你也许会对此感到惊讶。实际上即使婴儿患了流感，变得烦躁不安，也不是什么很严重的问题，因为有医生和护士提供保障。

我们就这样确定了使命，但它看起来实在是太浅显了。然而，使之转化成实际行动，则意味着前来就诊的每一位患者在一分钟内就能得到一位训练有素的医生或护士的接待。这就是使命的意义，这就是组织的目标！其余则是如何执行的问题了。一些患者被安排立即接受治疗，一些患者被安排去接受检查，还有另外一些患者则被告知："不用担心，服片阿司匹林，回去睡上一觉。如果没有好转，明天再来看医生。"但首要目标是立即接待每位患者，因为这是为患者提供保障的唯一方式。

非营利组织管理者的任务是将组织的使命陈述转化为明确具体的行动目标。组织使命可以是永恒的，至少应和我们所能预见的一样久远。只要人类存在，我们就是卑劣罪人㊀；只要人类存在，就有饱受疾病煎熬的人们；只要人类存在，就有酗酒、吸毒及其他诸如此类的悲惨故事。（正因如此，为了减轻人类的原罪、病痛和私欲等诸如此类的问题）千百年以来我们建立了各式各样的学校，想方设法将一点一滴的知识灌输给才七岁的学

㊀ 指基督教所讲的人类原罪。——译者注

龄儿童，尽管他们更喜欢的是出去游玩。

然而，目标可以是短暂的或者可以因使命的完成而进行大幅调整。100年前，结核病疗养院还是19世纪最伟大的发明之一，但现在，至少在发达国家，它的使命已经完成了，因为我们已经掌握了如何使用抗生素来治疗结核病。因此，非营利组织的管理者必须对目标及时进行审核、修正和系统的扬弃。使命是永恒的，并且可能是上帝指定的，而目标则是短暂的。

我们所犯的一个最普遍的错误，是把使命陈述弄成一锅良好愿望的大杂烩㊀，而实际上，使命陈述必须简洁明了。这就意味着，要增加新的任务，你就得放下原先的任务，因为你只能做有限的事情。看看目前我们一些学院的所作所为吧，把使命陈述弄得混杂不堪——我们正在设法做50件不同的事情，但实际上却做不了这么多，这样的使命陈述毫无意义。正统派基督教学院恰恰以其非常精练的使命陈述吸引了许多年轻人，我们可能会认为这种使命陈述实在是太狭隘了，但它却是清晰明确的，它使学生容易理解，也使教师了然于胸，还使学院当局能够明确地声明：我们不打算教授会计学。

虽然有得必有失，但你也必须仔细考虑我们所能够完成的哪几件事情是最重要的，哪几件事情的作用不大或不再重要。100年前，医院对社会所做的最大贡献是妇产科，尽管大众过了很长时间才接受它。当时在新兴城市，由于容易感染和接生员没有经过严格系统的培训，在家分娩被认为是相当危险的。而现在我可以说，并非每家医院都开设妇产科，事实上也确实有很多医院根本就没有妇产科。部分原因在于现在已经可以相当精确

㊀ 原文是"hero sandwich"，意指大型三明治。——译者注

地预测分娩情况，分娩已经十分安全；除此之外，如果确实有问题而且问题十分严重的话，就需要集中医疗资源才能解决问题，而郊区医院可能没有足够的医疗资源进行良好诊治。因此，目前这些医院虽然并没有放弃妇产科，但也会逐步放弃。另外，五六十年前，在精神药物问世之前，医院对精神疾病的治疗往往感到力不从心，而现在，大多数精神病患者或潜在患者都能在社区医院得到诊治，对于诸如抑郁症类的患者只需在医院做短期治疗就可以康复。因此，社区医院就能治疗大多数的精神疾病。

因此，虽然医院时时刻刻都在关注尖端科技的最新发展动态，寻找所在社区的各种各样的发展机会，但医院不会去尝试销售鞋类商品，也不打算大肆介入教育系统，医院要做的是治病救人。然而，医院特定的目标可能会调整变化，其首要的业务可能会变成次要的甚至无关紧要的。你必须时刻关注事态的变化发展，否则很快会被淘汰。

成功使命的三要素

现在，让我们来探讨一下优势和绩效方面的问题。首先需要确定所做的事情是否正确，然后再精益求精。每个组织并不是万能的，如果行动与组织的价值观背道而驰，就会一事无成。在20世纪60年代，整个学术界一窝蜂地去研究城市问题，结果是大家都无法胜任。这是因为学术界的价值观并不适用于政治问题，这些学者也不谙权术。与此同时，医院也在争相开展所谓的保健教育。例如，糖尿病之类的患者前来接受治疗，在他们康复出院之前，医院教育他们如何控制饮食和应对压力等，期望患者不再复发，但这并没什么效果。保健教育并非医院专长，医院也并不精通疾病预防之道，医院所擅长的是治疗已经产生的疾病。

首先，向外寻求机会和社会需求。基于所拥有的有限资源——不仅包括人力和资金，还包括竞争力——我们在哪些方面能够真正地形成独到之处，真正地创立行业新标准？组织只有通过踏实做事并做好事情，才能创建一个崭新的行业绩效标准。

其次，什么是我们真正信仰的。从某种意义上讲，使命是有感情色彩的，我从来没见过一个组织的成员缺乏奉献精神还能做好事情。

我们都知道伊泽尔（Easel）汽车的故事。每个人都认为伊泽尔汽车之所以失败，是因为福特汽车公司没有做好"功课"，但事实上这是一款具有最佳的设计、最出色的研发并且在其他任何方面都是最好的汽车，只有一点除外：在福特汽车公司没有人相信它会成功。它是经过精心设计的，但也仅仅是基于研发的设计，而非基于奉献精神的设计。正因如此，一旦有了一点小小的问题，就没有什么人支持这款新型汽车。在此我无意说它本来是可以成功的，但如果没有员工的奉献精神，它绝不可能成功。

因此首先要问的是，我们所面临的机会和需求是什么？然后要问的是，这些机会和需求是否适合我们？我们的行动措施是否合适？我们是否具有竞争力？机会和需求是否与我们自身的优势相匹配？我们是否确实相信这些原则？这些原则不仅适用于制造业，也适用于服务业。

因此，成功的使命需要具备三要素：机会、竞争力和奉献精神。请相信我，任何使命陈述必须全面地反映此三要素，否则就无法达成最终的目标、最终的愿望以及通过最后的检验，也就无法调动组织的人力资源来做好正确的事情。

2

领导工作充满艰险

20世纪最成功的领袖是温斯顿·丘吉尔,但1928~1940年的"敦刻尔克大撤退",在长达12年的时间里,使他一直处于政治的边缘地带,几乎得不到信任——因为当时局势太平,表面看来似乎还风平浪静,整个局势并不需要像丘吉尔这样的人。然而,风云突变,大难临头,谢天谢地,丘吉尔总算脱颖而出了。不知是福还是祸,任何组织都无法避免危机。危机总会降临,这就是需要依靠领导者的时候了。

作为组织的领导者,最重要的任务是预见危机。不是被动地回避危机,而是主动积极地预见危机,消极地等待危机降临意味着放弃。领导者必须设法使组织能够预见风暴临近,经得起风吹浪打并有超前的应对计划,这就是所谓组织的变革和持续创新。你无法阻止重大灾难的来临,但可以建立起这样的一个组织——随时准备战斗、具有高昂的士气、久经考验、应对自如、充满自信并且互相信任。军事训练的第一条规则，就是要培养士兵对军官的信任，因为没有信任，士兵就没有战斗力。

成 功 问 题

成功比失败摧毁了更多的组织，部分原因是，如果出现了危机，大家都明白必须努力工作，而成功则令人意气风发，这就容易耗竭资源。事业上的急流勇退，可能是最难战胜的困难。我目前在加利福尼亚大学工作，之所以离开工作了长达20年之久的纽约大学，部分原因是，学生的需求不断增加，而纽约大学企业管理研究生院却决定减小而非扩大规模以满足需求。当我开始在克莱蒙特筹建管理学院的时候，我认为我们不能过度铺张，应该悉心筹建水平一流而规模精干的学院。为此，我们先聘任了一批助手和兼职教师，再建立起强有力的行政管理班子，然后就可以成功地运作了。如果市场扩大，组织必须随之一起扩大，否则就会被边缘化。

曾有一段时间，我与牧师进行过一场辩论，牧师想把教堂控制在小规模，而教堂所在的社区有众多年轻人、学生和退休人员，他们都想上教堂做礼拜。那非常善良能干的牧师想把教堂控制在小规模，是因为这样他就能认识每个人。我劝告他："请注意，迈克尔神父，这样可不妙。"在他来此任职五年后，教堂就开始萎缩了。值得非营利组织领导者吸取的教训是，组织在取得成功时必须乘势进取、不断成长，但同时也必须确保组织能够进行调整变革。迟早有一天组织的发展会缓慢下来，机构规模会达到稳定水平。因此，组织必须保持冲劲、弹性、活力和远见，否则就会僵化。

艰 难 抉 择

非营利组织没有所谓的"损益"，它们往往会认为所做的每件事都是公正、合乎道义并服务于美好理想的，因此，即使没有达到预想的结果，也不愿意考虑是否应该把资源用到其他更合理的地方。非营利组织可能比企业更需要在运作方面进行合理的取舍，需要大胆面对重要抉择。

有些抉择非常困难。我有位做天主教牧师的朋友，是一个大教区的代理主教，大主教请他处理牧师短缺问题。什么服务应该保留，什么服务应该放弃？主教管区内有一所位于大都市的天主教学院面临一项艰难的选择：其辖区内 97% 的孩子都不是天主教徒，并且不打算皈依天主教，而他们还都在逃避公立学校的折磨。我和主教管区的牧师为此事争论了好几年。一些牧师认为："我们的首要任务是拯救灵魂，而非教育大众。应该让我们为数不多的牧师和修女来做最重要的事情。"而我认为："请注意，《圣经》上说，'人世间最伟大的事情莫过于扶贫济困这一类的慈善事业'，而这是你们正在从事的事业。当这些孩子还在蹒跚学步时，你们怎么可能撒手不管呢？这是非常重要的选择，关键是我们要勇于面对挑战，而非回避问题，尽管回避问题是人之常情。"

一旦你认识到这一点，就可以进行创新了——这会迫使你去组织资源寻求突破创新。如同企业和政府部门一样，非营利组织也需要创新，而且我们要知道如何创新。

首先应该认识到变革并非威胁，而是机会。我们要知道从何处着手变革。㊀下面试举几个例子。

例1：高等教育机构的意外成功

例如，一些高等教育机构已经认识到，受过高等教育的成人进行继续教育并非一件奢侈的事，还会带来额外的资金以及建立起良好的公共关系，这已成为知识社会的关键性推动力。因此，这些高等教育机构把教职员工组织起来，去吸引那些希望并需要回到学校来接受继续教育的医生、工程师和管理人员。

例2：人口变迁

大约12年前，美国女童子军组织意识到美国人口分布的变化：少数族裔人口在快速增加，这给组织创造了一块未开发的处女地——人口变化所带来的新的需求和机会。现在该组织成员中少数族裔儿童占15%，这就说明了在那段时间里，即使适龄女童的总数在持续滑落，但女童子军组织仍在茁壮成长。

例3：观念和心态的转变

几乎没有什么因素能像过去20年的妇女运动那样深刻地改变我们的社会观念。这一运动产生了什么观念？就如稍后在本书第四部分的利奥·巴特尔神甫访谈录中将会看到的那样，这一运动创造了巨大的教区扩展机会，尽管牧师和修女的人数在急剧下降。另一个例子是，大约15年前，美国最大的志愿者组织之一——美国心脏协会认识到，即使无法完成原先的主要工作——研究，协会也还有一个新的机会，即可以充分利用美国公众

㊀ 参见我的著作《创新与企业家精神》。

日益提高的保健意识做一些事情。于是，协会决定调整其分布在全美的力量。

上述事例给我们的启示是：不要被动地等待机会降临，而要主动地组织资源进行系统的变革创新。在组织中建立起寻找内部和外部环境机会的机制，把变化视为创新机会的预示信号。要在组织内建立起所有这些机制，作为领导者必须身体力行，给部下起示范作用。我们如何才能建立一个良好的运行机制，充分发挥成员的能动性，允许其制定和执行适当的创新决策，同时在变革过程中保证组织维持必要程度的正常运作？让我来概述一下这些简单的步骤。

首先，要构建寻求机会的组织机制。无法突破组织现有条条框框的限制，就不会看到机会。使这一点变得特别重要的是，绝大多数现存的组织结构都不能发掘机会，而只是呈报问题，而且是过去的问题；绝大多数组织结构只能解决我们已经处理过的问题。因此，我们必须超越现有的组织结构。一旦进行变革，就应该扪心自问：假如这于我们而言是个机会的话，会是什么机会？

若要有效地进行创新，对如下几点必须有一个清醒的认识：首先，最常见的错误——这一点比其他任何方面都扼杀了更多的创新机会——力求对变革设置过度的保险，层层设防，而非果断地摒弃旧系统。日本人在电话行业就犯过这样的错误，导致其出口严重受挫。他们有先进的技术，但千方百计地想降低风险：销售的同时配备电话装置（这样可以插入既有的旧系统）和电子控制板，但要安装电子控制板就会迫使客户撤除即使还非常好用的旧的设备系统。因此，对现有系统进行扩容或改进的客户决定拆掉旧系统，直接采用最新的技术。

在制药行业和教育界也存在同样的错误。20 年前，许多医院看到在医院之外诊治病人的发展趋势，纷纷在医院内部设立外诊病人医疗中心，然而这并没取得成功，但私立的外科诊所却获得了成功，因为其没有设在医院之内。

其次，还有如何构建新体制的问题。新体制必须和旧系统分开建立。婴儿不应放在客厅，而应放在育婴室护理。如果你把新观念引入现有的运行部门——不管是神学院还是汽车制造车间——总是要先解决日常危机，然后才顾得上展望未来。因此，如果要在一个现有的运行机制下孕育出全新的体制，无疑是在延误未来。新体制必须单独建立，同时你还必须确保现有组织成员不能丧失憧憬新体制的激情，不然他们会成为敌视甚至导致新体制瘫痪的一股反对力量。

创 新 战 略

接下来你就需要一个创新的战略——把创新服务导入市场的方式。成功的创新意味着找到了机会目标，但还需要有这样一个人：一个容易被各方接受、欢迎新生事物并希望成功的人。与此同时，该人在组织内有崇高的声誉、强大的影响力。这样的话，如果他觉得新机会值得一搏，组织内其余的人就会认为，那一定是件值得做的事情。

总会有人问我："如果你正在经营一家城市博物馆，或一座大型公共图书馆，或一个社区救济所或服务机构，你会在组织内部组建某种形式的精干的工作队伍来从事研发或市场营销吗？会在组织内建立某种形式的工作团队来评估组织创新的可能性吗？"

我的回答是：可能会，也可能不会。可能会，是因为需要一些人来做这样的工作，并有充裕的时间来做，但要明白这是一份艰难的工作。可能不会，是因为如果单独做计划，最后可能会忽略细微但重要的环节。让我来举一个非常简单的例子：一家大型博物馆的管理人员决定从旧馆搬迁到现代化的新馆，旧馆收藏着各类艺术品，但人们却无法参观，而新馆则设计成类似教育性的社区。他们组建一个单独的计划小组，要做的是规划展览和宣传等重要的工作，但由于计划工作与日常运作相脱节，计划人员忽略了几个日常事务方面的细节：例如，他们疏忽了需要有一个大型的停车场；还有，如果300名四年级的大学生突然涌来参观，就需要有充足的卫生间；当博物馆开放时，你简直无法想象那种嘈杂混乱的场面，但这是典型的常态。

如果先制订生产作业计划，等有了产品和服务再去推销，可能会铸成大错，还会浪费数年的宝贵时间。销售必须统筹兼顾作业计划，这离不开运作人员。请不要忽略这样一个事实：任何新生事物都需要那些真正相信它的人通过艰苦的工作去切实推行，而这样的人才可不是能够招之即来挥之即去的。

像丘吉尔这样的旷世奇才可能是非常稀缺的，但幸运的是，另一类人才则十分普遍。他们是这样一些人：如果形势需要，就会说，这件事虽不在我的工作职责范围之内，也不是我想做的，但这是工作所需的，于是卷起袖子投入工作。我认识一位私立大学的校长，他本来在有税赋支持的州立大学任教。像通常那样，私立大学董事会承诺由他们自己来筹措办学资金，于是这位校长就被连哄带骗地走马上任。上任后，他大刀阔斧地推行教师聘任计划和教育改革方案，搞得轰轰烈烈，然而有一天他愁眉不展地来到我这里说，必须得有人去筹集经费，不然在 5 年或 10 年之内这所学校就会无法生存下去。我告诉他："您知道的，在大学里只有一个人能筹措资金，那就是校长。"然后他说："恐怕您是对的。"这位校长就在学校里物色了一位非常能干的教师，在 5 年的时间里让这位教师一直负责学校的日常工作，而校长自己则集中精力筹措经费。结果证明他在这方面非常能干，挽救了这所学校。

再来举个例子。一家大型的农村电力合作组织，成立于 20 世纪 30 年代，当时美国农场还没有电力供应，而现在谁都能够得到电力供应。因此问题就产生了：现在该怎么办？董事会和组织成员都强烈倾向于把组织出售给最近的一家大型电力公司。新任主管就职后，在了解了一下情况后认为："是的，作为电力合作组织，我们已完成了使命，但作为社区发展组织，我们的使命才刚刚开始。现在我们面临的是十分严峻的农业危机（当时是 20 世纪 80 年代初），需要有人来向农场成员提供和推广各种基本的社会服务，而这只能通过渠道网络系统来进行。"

这位主管改变了一切。虽然农产品价格依然低迷，农业也不景气，但这个横跨六县的合作组织则是全美农村地区硕果仅存的几个组织之一。我不能说现在它已经取得了完全的成功，但的确做得很好，因为他所采取的行动使人看到了希望和机会。这并没有什么非同寻常的，这是卓有成效的危机领导能力。

如何选拔领导者

假如我在一个选拔委员会负责挑选某一非营利组织的领导者，有一列男女候选人可供选择，什么是我所关注的呢？首先，我会看看这些人做过什么事情，有何专长。我所知道的绝大多数选拔委员会都过分关注候选人的弱点，我所听到的绝大多数问题不是他擅长什么，而是认为此人并不十分善于和学生打交道，或是不具备什么素质。我们首先要寻求的是专长——一个人只能发挥专长——以及用其专长所做过的事情。

其次，我会评估组织的状况，并思索一下，什么是组织面临的重大而直接的挑战——可能是筹集经费，可能是重建组织信心和士气，也可能是重新定义组织使命，还可能是引进新技术。如果今天我要寻找的是一所大型医院的院长，我会关注能够把医院的职能从医疗服务的提供者转向管理医疗服务的提供者这样一种人，这是因为越来越多的医疗服务将在医院外进行。我会尽量把专长和组织的实际需求结合起来。

然后我会看看他是否具有所谓的品质或正直诚实的素质。领导者，特别是强有力的领导者，是要给大家树立榜样的。领导者是组织成员，特别是年轻人模仿的对象。许多年前，在我可能还不到20岁的时候，我师从一位非常聪明的老人，当时他已快80岁了，是一家大型国际性组织的领导，非常知人善任。我曾向他请教："什么是您所看重的领导素质？"他回答："我总在问自己，我是否愿意让自己的儿子在那个人（领导者）手下工作？如果他成功了，那么年轻人都会效仿他。我希望自己的儿子去效仿他吗？"我认为这就是最根本的问题。

我见过，而且我们都见过，即使在平庸者的领导下，许多企业和政府也能够生存很长一段时间，但在非营利组织，领导能力的平庸则会立即暴露出来。一个显著的差别是，非营利组织的成功与否不只有一条评价标准，而是有一系列的标准。对企业，可以把是否盈利当作评价领导能力的一条充足标准。短期而言，企业盈利状况也许说明不了什么，但长期而言，盈利状况则是一家企业领导能力的最终评判标准。对政府来说，领导能力的最终标准是能否获得连任。但对非营利组织的管理者而言，就没有这样一条主导性的标准，你必须学会平衡和统筹兼顾，综合考虑评价业绩的一系列标准。

当然，非营利组织的主管也不能奢望只要处理好一个起主导作用的利益相关者就可以了。就上市公司而言，股东是最终的利益相关者；对政府来说，选民则起决定性作用。然而，我们再来看看学校当局、公共服务机构或教堂，有多个利益相关者——谁都可以一票否决，可谁都无法一锤定音。利益相关者的多元化可以从校董、信托人的多元化方面清楚地反映出来，他们喜欢密切地介入机构的运作。你可以说公立学校是政府的，但学校董事会却并不像政府部门，它扮演的是利益相关者的角色，这就是导致学校监管困难重重的原因。正是从这个角度而言，学校实际上是公共服务机构，而非政府部门。

在非营利组织，你不能满足于做得仅仅像个领导者就行了，还必须要做得非常出色。因为你的组织是献身于一种崇高的理想，你期望作为领导者的人，应胸怀组织职能所赋予的伟大理念，应严肃认真地承担起神圣的使命，但他们本身不能严肃刻板。任何以伟人自许的领导者将会毁了自己，也会毁了整个组织。

个人领导角色

非营利组织的新任领导者并没有充足的进入角色的准备时间，也许只有一年左右的时间。为了在短期内迅速有效地进入角色，领导者所扮演的角色必须适合于组织使命及其价值观。我们大家都在扮演各种角色——父母、教师和领导者等。要演好各自的角色，必须符合三个标准：首先，角色必须适合你自己的个性——要明白自己的个性是什么，没有什么喜剧演员能够演好哈姆雷特；其次，角色必须适应工作任务的要求；最后，角色必须符合各方的期望。

我曾聘请过一位才华横溢的年轻教师，可他在大学授课时却弄得一塌糊涂。在教大一新生时，他没有树立起权威形象，结果学生在课堂上起哄造反。他没有明白，这些19岁的本科新生期望老师要有权威。

你得做两件事情：提高组织成员的素质以及对他们提出新的要求。这些新要求可以通过分析或凭感觉来确定，或者两者兼顾，这取决于你个人的行事风格。我觉得自己是个凭感觉行事的人，但我也见过一些完全依靠书面分析并卓有成效的人，他们只要拿起削尖的铅笔在纸上写写画画，结果就出来了。

确实没有什么"领导特质"或"领导性格"之类的东西，当然，有些领导者是比其他人做得更好些。虽然我们讲领导技巧可能是无法传授的，但我们大多数人都能够学会这些技巧。确实有些人学不会那些技巧，对他们来说领导技巧并不重要，或者他们喜欢充当跟随者，但我们大多数人确实能够学习并掌握领导技巧。

我认为最成功的领导者讲话时似乎从来都不以"我"字当头，这并不是因为他们刻意训练自己不去说"我"字，而是在思考时，他们所想的不是小"我"，而是"我们"，是"团队"。他们明白他们的职责是发挥团队作用。他们勇于承担责任，绝不刻意躲避，但成绩则归功于"我们"，对工作任务和团队有一种高度的认同感（也许很多时候并没有意识到这一点）。正是这种认同感建立起彼此的信任，才使工作任务得以圆满顺利地完成。

在莎士比亚的剧本《亨利五世》（*Henry V*）中，父王去世了，年轻的王子顺利继承了王位。福斯塔夫（Falstaff）是一位年迈而放浪形骸的骑士，在声色犬马的游乐场所，一直是王子身边的开心伙伴。王子继承王位后，有一次他还是口无遮拦地叫"亲爱的哈尔王子"，结果新任国王策马而过，对他理也不理。福斯塔夫的自尊受到严重的伤害，要知道，是他抚养王子长大成人的。这是因为老国王是位冷漠的不称职的父亲，只有与福斯塔夫这位形骸放浪的酒鬼在一起时，年轻的王子才找到些许人间温暖。但亨利是有远见卓识的人，现在是国王了，必须为自己设立不同的为人处世标准。作为领导者，必须要有远见卓识，必须要有冠绝群伦的远见卓识，因为领导者是要实现远大抱负的。

还有一个例子。第一次世界大战前夕，一位德国政治领袖预见到欧洲正在陷入一场人间浩劫，于是他义无反顾地力挽狂澜。20世纪初，他出使伦敦，他本是位鸽派政治领袖，但却出人意料地辞去了大使职务。因为新任英国国王爱德华七世是一位臭名昭彰的玩弄女性的浪荡者，喜欢参加外交使团为其举办的男性社交聚会，在聚会中，伦敦最时髦的交际花都会争先恐后地跟他眉来眼去，甚至宽衣解带。这位大使声称，他不愿意早上对镜修脸时在镜子里看到的是一位皮条客。我并不认为他能够阻止第一次世界大战的发生，而且从政治角度而言，他所做的决定甚至可能是错误的。但是，我认为这是领导者必备的素质。领导者应该有预见能力，最好能够不断努力去培养这种能力。规则是：我不愿在早上对镜修脸时在镜子里看到一位皮条客。如果你确实看到了，那么你的组织成员也会看到。

"时势造英雄"这句话有其深刻的内涵，但事实并非如此简单。在天下太平时，温斯顿·丘吉尔不可能建立卓越的功勋，他需要挑战。对富兰克林·罗斯福来说可能同样如此，因为从本质上讲他是个懒散的人。我认为，如果在20世纪20年代，罗斯福就不会是位杰出的总统，他的肾上腺激素不会被充分地激发出来㊀。另外一方面，有些人在和平年代做得有声有色，却无法承担风云突变带来的重压。但不管风云如何突变，组织都需要有人掌舵，重要的是领导者要有肩负重担的基本能力。

我认为领导者第一种重要的基本能力是倾听的意愿、能力和自律。倾听并不是一种技能，只不过需要自律。任何人都有耳朵，需要的只是管紧嘴巴。第二种必要的能力是交流沟通的意愿，让其他人能够理解你的意思，这需要极强的耐心。我们在三岁学会交流沟通之后，在这方面就一直没有很大的长进。你必须反复讲给别人听，并反复解释你的意思。第三种重要能力是不要回避问题，比如说："这件事没有做好，让我们重新再来，换种方法再做。"我们做事情不做则已，要做就要做得尽善尽美。我们绝不能避重就轻、跳过问题，这样一种工作方式会在组织内产生自信的情绪。

第四种基本能力是个人服从工作需要的意愿，要认识到与工作相比，个人的一切都显得无足轻重。领导者需要客观和公正，要服从工作需要，而不能把自己看得与工作一样重要。要以工作为重，公私分明。对领导者而言，最糟的事莫过于当他离开时，组织也轰然崩塌。当这种情况发

㊀ 指激情活力得以发挥。——译者注

生时，意味着领导者把组织榨干了，而没有从事组织建设。他们也许是有能力的操作者，但他们没有创立组织愿景。法国国王路易十四好像说过："我就是国家。"18世纪初他去世后，旷日持久的法国大革命随即爆发。

卓有成效的非营利组织的领导者能够保持人格和个性的完整独立，即使把一切都奉献给组织，在他们离开后，工作仍要继续下去。除了工作，他们还应该有自己的存在价值，不然他们工作奋斗就只是为提升个人价值了，而且还认为这会有助于促进组织理念的实现。如果这样的话，他们就会变得一切以自我为中心而且自负自大。更为严重的是，他们会变得心胸狭窄、嫉贤妒能。这方面是丘吉尔最大的一个优点，恰恰也是罗斯福最大的一个缺点。丘吉尔在他90多岁的垂暮之年，还在不遗余力地推荐和提携年轻政治家，这是真正卓越领导者的风范——不把年轻人的强势视为威胁；罗斯福在晚年则对任何个性独立、锋芒外露者都加以压制。

我并不希望任何人为组织鞠躬尽瘁，只要尽最大努力就可以了。吸引人们加盟组织的是高标准严要求，因为这会令人自尊和自豪，都想做出奉献。我们分别考察一下学风好和学风差的学校，会发现在教学质量方面两者其实并没有什么差别，差别只不过在于学风好的学校期望学生能够刻苦学习罢了。许多年前，我曾经对绩效相差很大的男童子军组织（Boy Scout Councils）进行过调查，发现绩效优异的男童子军组织期望志愿者、领队等能够努力工作。我所说的努力工作，并不仅仅是在周五晚上工作几个小时而已。严格要求的男童子军组织吸引了众多的志愿者并能继续吸引和留住这些男孩子。因此，以绩效为中心的组织领导者应该确立高标准。

我所见过的绝大多数领导者既没有天赋特质，也不是被谁塑造成的，而是自我成就的。我们需要太多的领导者，但不能仅仅依靠天降人才。一个的的确确既非天生，也非刻意培训，而是通过自我奋斗成为卓越领导者的最佳例子是哈里·杜鲁门（Harry Truman）。杜鲁门完全没有预料到自己会成为总统。作为一个普普通通的政治人物，他之所以被选为副总统，是因为他对罗斯福没有构成威胁。但杜鲁门不仅会说："现在我是总统了，真是做梦都没有想到啊！"他还会问："什么是关键的工作任务？"他过去所有的从政经验都是有关国内事务的，但不得不接受这样一个事实，即他关键的工作任务在国外而非新政，这使包括罗斯福夫人在内的新政自由主义者感到十分失望。他强迫自己恶补有关外交事务的功课，然后把工作重心放在处理他认为关键的工作任务中，尽管这让他痛苦不堪。

在某种程度上讲，我们现在所了解的医院是印第安纳州埃文斯通的贾斯蒂娜修女（Sister Justina）所创建的。在 20 世纪三四十年代，她是一所十分偏僻并已被人遗忘的天主教医院的院长（她教了我所有有关医院的知识），是第一个全面系统地提出医院病人管理体制的人。她对现行医院体制做出了巨大贡献，但在其有生之年并没有为此得到人们特别是医生的多少感谢，但她的确是位天生的领导者。她离群索居、生性羞涩、为人低调，只在爱尔兰的一所学校受过一年的正规教育，她对此相当在意。但她做了一项了不起的工作，而正是这样的工作磨炼成就了一代又一代的领导者。他们都是自我奋斗成功的。

道格拉斯·麦克阿瑟（Douglas MacArthur）才华横溢，大概是最后一位伟大的战略家了，但这并非其最突出的优点。他建立了一支无与伦比的团队，因为他把工作目标放在了第一位。他非常自负，高高在上，因为他认为其他人的智商都难望其项背。他在每次会议上都亲自对下级军官发表演说，在演说时不允许任何人干扰，这确实使他能够建立起一支愿意与强大敌人拼死决战并取得胜利的军队。我们从信件中可以清楚地看出，他的这种作风并非与生俱来。他总是强迫自己这样去做，这并非他的天性，但却是关键的工作任务，因此必须这样去做。

汤姆·沃森爵士（Tom Watson，Sr.）是 IBM 的创始人，他本来是个以自我为中心、专横跋扈的人——自高自大、脾气暴躁。他迫使自己去建立一个团队，一个能够战胜对手的团队。有一次他解雇了一位我认为非常能干的员工，我问他为什么要这样做，沃森告诉我："他不愿意教我。我没有做过技术工作，只做过销售，但这是一家技术型公司，如果员工在技术方面不肯教我，我就无法领导他们。"正是那种使自己胜任工作的强烈意愿造就了领导者。

泰德·豪泽（Ted Houser）在 20 世纪 50 年代接管公司时，西尔斯－罗巴克（Sears Roebuck）已经取得了连续 25 年的辉煌。豪泽是位采购专家和统计学家，纯粹是个与数字打交道的人。他审视了一下公司的处境，然后问：应该做些什么事情来使公司再创 25 年的成功？他得出的结论是需要管理人员。因此，他迫使自己领导西尔斯公司管理人员进行低调但十分有效的培训工作。每位管理者，甚至最小商场的经理，都知道芝加哥总部的董事长正在密切地关注着他，并想知道他是否正在培训员工。自 20 世纪 50 年代以来，西尔斯公司并没有什么新的经营理念，但仍然连续保持了 25 年甚至 30 年的成功，直至 20 世纪 80 年代。这是因为公司拥有训练有素的员工，这就是泰德·豪泽的成就。

平 衡 决 策

领导者的一项重要工作任务是在长期与短期、全局与局部之间取得平衡。管理非营利组织需要双桨划独木舟，如同要在专注宏伟蓝图与关照一位急需帮助的孤单年轻人这样的情形下取得平衡一样。我曾听到一些医院津津乐道于医疗统计数据，却忘了去照顾好一位在急诊室里抱着啼哭婴儿的忧心如焚的母亲。这样的情况是很容易纠正的，只要在一线工作岗位做过几天、几个星期甚至一年，这样的问题就会迎刃而解。与之相对的问题是拘泥于细枝末节，这是更难避免的。有效的领导者会通过其在相关协会和其他组织的工作经验，从大处着手来解决这一难题。有一位大型社区服务组织非常出色的领导者——一家规模很大的童子军组织的领导者，担任了三个机构的董事，其中只有一个是社区服务组织——这是特意安排的，而且她还是市政府的咨询委员会的委员，这种工作经验使她能够从宏观的角度审视其所在组织面临的同样问题。

我也见过做得非常细致的领导者。一位与我共事多年的大学学院的院长，我觉得他非常成功，他一直坚持参加美国大学院长联席会（American Council of Deans）。我问他：“保尔，你这么忙，为什么还要去参加这种会议？”他回答：“我日常所做的工作太具体了，我需要每月一次去看看美国大学学院真实的整体状况。”这也是相当有效的方法。

我认为非营利组织的管理一直存在着平衡问题，前面所讲的只不过是其中一方面而已。另外，我认为更难处理的是，资源集中于单一目标和分散于充分的多元化发展之间的平衡。如果集中资源，就可能取得最大的成果，但这也是十分危险的，不仅可能把资源集中在错误的目标上，而且还可能（用军事术语来说）把侧翼全部暴露出来了，因而就没有多少回旋余地，其结果是可想而知的，所以你需要多元化发展，在某项工作最终会过时的情况下尤其需要如此。但多元化容易分散资源，导致一事无成。

更为重要的平衡，也是最难处理的，是过度谨慎畏缩和鲁莽冒进之间的平衡。这最终可归结为时机把握的技巧问题，而这正是实质性的问题。你知道有些性急的人总是希望立竿见影，萝卜刚种下，恨不得拔出来看看生根了没有；那些慢性子的人就绝不会把萝卜拔出来看，因为他们确信萝卜还没有充分成熟。套用哲学术语来讲，这就是所谓的"亚里士多德式谨慎"。在这两者之间如何找到合适的平衡点呢？

处理鲁莽冒进问题其实相当简单。我也是个急性子的人，因此我告诫自己，如果希望用3个月把事情做完，就计划用5个月来做，但我也见过本来3个月就应该做好的事情却计划用3年来做，如此巨大的差别就很难折中抵消了。在亚里士多德的所有方法中，第一条法则就是"了解自己"，了解什么是你的性格倾向。

我所见过的机构中，虽然毁于谨慎畏缩和鲁莽冒进的都有，但更多的是毁于过度谨慎畏缩而非鲁莽冒进。可能是我特别注意这个问题，因为我在管理整个机构时显得过于谨慎，不敢承担应该承担的风险，特别是财务风险。另一方面，在20世纪50年代，我见过美国匹兹堡大学差点被一位才华横溢的人毁掉，他就任后力图在3年内将这所相当不错的城市大学提升为世界级的研究机构。他认为只要有钱就能实现这一宏伟目标，然而结果是，他几乎毁掉这所大学，匹兹堡大学因此元气大伤，一蹶不振。我在博物馆见过这样的事情，在管弦交响乐团也见过，所以，必须在两者之间取得平衡，我所能提供的唯一建议还是得了解你自己的性格倾向，然后设法抵制这种倾向。

在机会和风险之间也有平衡问题。首先应该问一下：如果决策失误，能否挽回？如果可以挽回，通常就可以接受更为巨大的风险。非营利组织必须不断地评估其财务风险是否太大，我能建议的就是这一点。我们来评估决策：能否挽回？具有什么风险？然后再问：我们能否承受得起风险？如果可以承受，即使决策失误，损失也不会太大。最后要问：如果决策失误，所引起的风险是否会毁掉组织？最具策略的方法是，承担不起的风险就不要去承担。最近我遇到了类似情况。我在一家博物馆任董事，博物馆让我们就一个重大的收购方案进行决策，但所涉金额超出博物馆的资金实力。我说："豁出去了，干吧！这可是我们最后的一次机会。如果收购成功，我们将跻身世界级博物馆之列。我们可以以某种方式来筹到这笔资金。"平衡决策是需要非营利组织的领导者做出的，不管是领取薪水的正式领导者，还是不领薪水的志愿者。

领导者的注意事项

最后，我们来阐述几条领导者的主要注意事项。很多领导者都认为组织成员理应理解其所做的事情及原因，但事实并非如此。很多领导者都以为每个人都能够明白他们所说的事情，但实际上大家都不明白，这是第一条注意事项。领导者通常是无法和下属一起决策的，因为没有充足的时间来一起讨论。但成功的领导者会花一定的时间去交流沟通，他们会向下属解释，"这是我们所面临的情况，这些是我们所预见和考虑的方案"。他们还会征询下属的意见。不然组织成员就会说："难道这些高高在上的哑巴

（领导者）什么都不知道吗？他们为什么不考虑这个或那个问题？"但如果你能够说"是的，我们考虑过这些问题，但还是觉得应该这么做"，组织成员就会理解，就会一起努力。他们可能会说本来不准备那样做，但从大局考虑，他们不能各行其是。

第二条注意事项是领导者不能嫉贤妒能，这是在组织领导者中常见的人性弱点。当然，强者都是雄心勃勃的，但领导一群对你虎视眈眈的强者所冒的风险，远比让一群庸才伺候着要小得多。

第三条注意事项是不要挑选接班人。我们往往会倾向于挑选那些使我们想起自己年轻岁月的人来做接班人。首先，这纯粹是幻觉；其次，让与你一模一样的人来接班，这样的人往往是软弱无能的。在军事组织和天主教堂都有一条传统规则：领导者不得挑选自己的接班人。可以征求其意见，但领导者没有最终决策权。我见过许多企业的有关案例（但是非营利组织中更多），能干的领导者往往会挑选对自己俯首帖耳的副手来接班。如果你告诉他应该去做些什么，他就能做得非常好，但这并非领导者需要的独立素质。可能部分由于感情投入，部分由于习惯，看起来十分完美的副手会被推举到组织的最高职位上，然而整个组织可能因此遭殃。我最近一次见到这种情况是在一家全世界最大的社区福利基金组织。副手荣幸地被前任领导者挑选为接班人，这是因为前任领导者在副手还没有走上领导岗位时就认识了他，认识一年后，觉得他非常像她，于是就让他接了班。结果组织蒙受了巨大损失，不过他还算是能够审时度势，在自己和组织没有被彻底毁掉之前辞职离任了。

第四条注意事项是，不要沽名钓誉，请勿苛责下属。我认识一位非常能干的领导者，在一个非营利组织负责一项极具挑战性的工作。他的校友遍布其他各个组织，但就是没有在该组织服务的。这是因为当时他们在他手下工作时，他总是挑毛病，对校友既不提拔，也从不表扬，要知道领导者对下属和同事是负有责任的。

上述几条是领导者的注意事项。对领导者而言，我们已经反复强调过的最重要的事情是：全力以赴做好工作，不要只计较个人得失。

一切以工作为中心，领导者是为工作服务的。

3
设定新目标：弗朗西斯·赫塞尔宾访谈录⊖

彼得·德鲁克： 弗朗西斯，作为全国执行总裁（National Executive Director），在过去13年里，在为全国335个女童子军组织推出的所有成功的新方案中，哪个最合您的心意？

弗朗西斯·赫塞尔宾： 我认为是幼女童子军，这是我们为5岁或幼儿园的幼女所推出的最新方案。在与女童子军合作的过程中，我们研究了女孩的需要，还研究了所有不同形式的美国家庭，发现5岁的女孩非常适合参加由两个细心的领队带领的小型团队活动。在当今美国，有高达85%的5岁儿童白天在学校上学。

⊖ 弗朗西斯·赫塞尔宾女士从1976~1990年一直担任世界最大女性组织——美国女童子军的全国执行总裁。她现在是彼得·德鲁克非营利组织管理基金会的主席。

彼得·德鲁克：从女童子军组织的传统来看，这是不是一项非常大胆的创新之举？

弗朗西斯·赫塞尔宾：对，史无前例。以前，我们为7～17岁的女孩提供服务。我们曾把女童子军的最小年龄降到6岁，这是因为我们在研究该年龄段女孩的需求时发现，6岁的女孩已经适合参加女童子军的活动。研究同样清楚地表明，5岁的女孩也适合为她们量身定做的女童子军活动方案。

彼得·德鲁克：您的女童子军组织对这一变革充满热情吗？

弗朗西斯·赫塞尔宾：我认为在100个成员组织中恐怕只有70个对此充满热情，想积极有效地推行下去；另外30个还在摇摆不定，但对此已持基本肯定的想法。不过要知道，刚开始时只有1/3的成员组织积极响应。

彼得·德鲁克：我是否可以这么认为，您并不能号令所有女童子军组织一切行动听从指挥？

弗朗西斯·赫塞尔宾：女童子军是依法注册设立的组织，它有由志愿者组成的董事会，为满足其所在区域内女孩的特殊需求而开展工作。因此，各成员组织有自由选择的权力——可以与我们统一行动，也可以观望等待。

彼得·德鲁克：至少可以说有为数不少的成员组织对此持迟疑的态度，我说得对吗？

弗朗西斯·赫塞尔宾：对，是这样的。不过，当我们通过培训幼女童子军的教练和领队来准备推行这一方案时，几乎有200个女童子军成员组织已经打消顾虑，欣然接受了这一方案，并满怀热情地欢迎这些最新成员的加盟。

彼得·德鲁克： 从70个成员组织发展到200个，用了多长时间？

弗朗西斯·赫塞尔宾： 用了6个月左右的时间。在1年内，幼女童子军已成为我们最成功的行动方案之一；3年之后，幼女童子军已在全美遍地开花。女童子军组织发现，有些青年或老年妇女不愿和十来岁的少女打交道，但觉得和5岁幼女相处则充满挑战，因此可以让她们来带领幼女童子军。

彼得·德鲁克： 目前你们有多少幼女童子军成员？

弗朗西斯·赫塞尔宾： 大约15万吧，增长得相当快。

彼得·德鲁克： 请让我回顾总结一下您的意思。首先，您的领导方式是市场驱动型的。您去调查研究了您所服务社区的需求，发现与25年前㊀您刚开始领导女童子军时已有很大不同，所以您开发了这个市场驱动型的服务项目。其次，您必须进行推广和说服工作，必须为这一新的使命创造客户来源，因为这335个成员组织并非必须要采纳您在纽约提出的方案。我认为您想告诉我们的第三层意思是如何推动变革。您一直在寻找我所讲的机会目标——那些确实需要并积极准备迎接发展机会的女童子军成员组织，但您并不担心其余那些暂不理解变革方案的组织。

弗朗西斯·赫塞尔宾： 我们先从那些愿意接受并积极推行5岁幼女童子军方案的组织着手，那些暂不采纳新方案的可以等待观望一下。我们明确表示他们有自由选择权，但我们会和积极采纳该方案的组织一起将方案坚定不移地推行下去。

彼得·德鲁克： 那些愿意采纳但条件还不具备的组织又怎么办呢？

㊀ 原文为75年前，疑有误。——译者注

弗朗西斯·赫塞尔宾：任何想采纳这一方案的组织必须重新培训教练和领队。在没有对这些成年男女进行必要的教育培训之前，我们绝不仓促行事。

彼得·德鲁克：您刚才所讲的这一点非常重要。我目睹了非营利组织的许多一流的服务项目无法成功推行，其原因在于它们仅仅提供了方案，而管理者并没有设法让执行者明白应该做些什么，没有通过培训让他们掌握推进行动的方法。您是否为推行此新方案向女童子军组织传授了招收新志愿者的方法？

弗朗西斯·赫塞尔宾：是的，我们为幼女童子军领队编制了一本精美的手册。我们明确规定每一团队的女孩人数应为6～8人，并至少配备2名领队。如前所述，方案的推行必须经过充分的培训教育，然后在实施过程中提供各种支持和帮助。我们始终强调对幼女成长的引导应该采取各种各样的方法，不能仅仅依靠母亲，同时也应依靠其他年轻职业女性的辅导。从更广泛的角度而言，精力充沛、兴趣盎然并愿意提供各种帮助支持的退休人员都可以来贡献一份力量。我相信正是这些因素导致了该方案的成功，如果您要建立广泛的志愿者队伍，必须要有这样一种包罗万象的气度。

彼得·德鲁克：因此，您在考虑如何使该项目方案吸引志愿者加盟方面所花的时间，和花在考虑如何使之合适5岁幼女的情况方面的时间基本上一样多，是这样吗？

弗朗西斯·赫塞尔宾：是的。不仅要招募和安置志愿者，而且还要为他们设计符合其独特需要的培训方案，以便在他们刚开始加盟幼女童子军团队工作时，就能感到得心应手。

彼得·德鲁克：那需要多少培训？

弗朗西斯·赫塞尔宾：因人而异。和未来的领队一起工作的员工和志愿者非常愿意做充分的准备工作，为此特别为他们设计了一些培训方案。

彼得·德鲁克：现在让我们换个话题，来谈谈贵组织的另一个成功方案。加盟贵组织的志愿者人数在持续上升，与此同时，传统的志愿者——我不是说消失了，但确实已变得极其稀缺，这是因为很多年轻女性不再愿意做相夫教子的家庭主妇了。

弗朗西斯·赫塞尔宾：在观察研究志愿者的核心主体——女性和男性时，我们发现他们都珍惜并追求优质的学习机会。德鲁克先生，还记得您在加州在我们女童子军的志愿者总裁研讨会上讲授过的非营利组织管理专题吗？在东海岸我们也聘请了哈佛大学的教授给女童子军成员组织的执行总裁讲课。这些极好的学习机会表明组织确实需要并尊重他们，希望发掘他们的潜能和聪明才智。

彼得·德鲁克：您是从哪里找到这些潜在志愿者的？

弗朗西斯·赫塞尔宾：您不能到纽约的办公场所去招募当地的志愿者，而应到社区去寻找这样一些人：他们由衷地相信组织使命，真诚地关心少女，并愿意出去和潜在志愿者促膝谈心。我们的335个女童子军成员组织在这方面做得非常出色。

彼得·德鲁克：请让我来把这一实践归纳成普遍性的理念、概念和原则。您把志愿者看作最重要的客户市场，是因为您所招收到的志愿者数量决定了所能服务的女孩数量。因此，您决定持续寻找合适的志愿者，并没有把他们仅仅当作志愿者，而是当作不付薪酬的组织成员。您给他们安置工作、确立标准、提供培训，从而拓展了他们的视野。

根据我的经验，这是解决许多非营利组织的营销关键问题的秘诀——专业志愿者所获得的满足感来源于工作本身，而非薪酬。

弗朗西斯·赫塞尔宾：对不起，您疏忽了一点——还需要给予认可，这一点非常重要。领导者应该会说："非常感谢，您做出了巨大的贡献！"从支持和关心志愿者队伍的建设发展来说，这一点显得极其重要。

彼得·德鲁克：这些同样的方法、原则是否也适用于少数族裔居住的社区？我认为您在那里比全美任何其他社区服务组织都做得更为成功。

弗朗西斯·赫塞尔宾：迄今为止，我们全国董事会和女童子军组织优先考虑的原则，一直是平等地为美国所有女孩提供会员服务。当我们和各族裔的女孩接触时，不管是在新建的越南人社区，还是以前的黑人社区，都要理解其非常独特的需求、文化和意愿。

彼得·德鲁克：当您刚上任时，少数族裔成员很少，是不是这样的？

弗朗西斯·赫塞尔宾：当然很少。改变现状需要长期的努力，仅在少数族裔社区进行组织扩展的造势宣传活动，再招收一些人员，然后一走了之，是不够的。需要的是深思远虑的计划方案，在计划方案中还必须考虑到这些社区的领袖。

彼得·德鲁克：可否举例说明？

弗朗西斯·赫塞尔宾：在一个住宅工程项目中，有数百名少女参与，她们确实需要这种类型的工程援建项目，社区居民也希望为他们的孩子创造一个更好的生活环境。我们和牧师、住宅工程项目总监以及该社区的一群孩子的父母们一起干。我们招聘了领队，就在那里进行了现场培训。在招聘手册中我们还表达了对社区的尊敬和兴趣，因为父母必须了解其女儿参加女童子军是一种正当有益的经历。

彼得·德鲁克： 然而，是什么原因促使你们加入到住宅工程项目中，或者优先选择到越南人社区去？

弗朗西斯·赫塞尔宾： 我们查阅了预测分析资料后了解到，2000年少数族裔将达到全美人口的1/3，我们面临以新方法提供服务的巨大机遇。我们必须理解这对在辖区中族群正在发生变化的女童子军组织来说意味着什么。为了切实把握这一巨大机遇并迎接2000年的到来，我们成立了全国创新中心。我们还把一位训练有素的员工先派遣到南加州，在那里，少数族裔人口变化很快。这位员工与南加州女童子军组织的一个小型团队一道制定发展模式：如何在其辖区内联系到所有适龄女孩子，如何切实提供重要的平等服务机会。

彼得·德鲁克： 这七个加州女童子军组织的少数族裔人口比例已经达到30%，对吗？你们这样做实际上是在追求机会目标。这些组织知道他们需要帮助，而你们也确实提供了有效的支持。如果在这里行之有效的话，在布法罗也同样会行之有效的。

弗朗西斯·赫塞尔宾： 我们之所以选择加州，是因为我们认为这是一个可以作为前导的州。在全美任何地方的女童子军组织只要面临服务对象多元化和人口迅速增加的机会，这些发展模式都同样能够适用，但这种模式还需加以完善。

在1912年，我们组织的创始人曾经说过："我为所有的女孩服务。"我们非常严肃地信守承诺。许多人对未来和新的种族构成比例对美国来说将意味着什么感到非常忧虑，而我们则把它看作是一种向所有女孩提供服务来帮助她们成长的史无前例的机遇，也是史无前例的巨大困难和挑战。

彼得·德鲁克： 弗朗西斯，对非营利组织而言，有多种客户是否非常典型？比如说，您的客户中既有女孩，也有志愿者。

弗朗西斯·赫塞尔宾： 我相信非常典型。非营利组织很少只有一种客户，如果只向一种客户提供服务，我想我们不会成功。

彼得·德鲁克： 那么，您认为推行新方案的总体战略是什么？

弗朗西斯·赫塞尔宾： 必须非常慎重地制订营销计划。不仅仅是传播营销信息，还要了解所有面向客户的网络渠道，并懂得如何运用这些网络渠道。仅仅向客户发送书面材料是不够的，还需要在各营销环节中配备相关人员，必须不断进行评估，及时获得执行情况的反馈信息。如果组织战略没有发挥作用，就要进行适当调整，采取不同的方法把组织推向前进。

4
领导者负债：马克斯·德普雷访谈录^㊀

彼得·德鲁克： 马克斯，您不仅在自己公司里享有崇高威望，而且在您担任董事和董事长的培养人才的教育机构里也同样声名斐然。对此您有何特别的感触？

马克斯·德普雷： 我想从一个非常个人化的观察角度谈起：我相信我们每个人最初都是根据上帝的形象创造出来的，我们都带着极其丰富多彩的礼物来到人世间。如果从这样一个角度来进行推理，那么每个领导者都应该把自己放在一个负债的位置上。领导才能是那些选择或同意跟随的

㊀ 马克斯·德普雷是赫曼米勒公司（Herman Miller, Inc.）和霍普学院（Hope College）的董事会主席以及福勒神学院（Fuller Theological Seminary）董事会成员。他著有《领导艺术》（*Leadership Is an Art*, Garden City, N.Y., 1989）一书。

人送给领导者的礼物。美国基本上是一个由志愿者组成的国家，因此我认为这意味着人们选择领导者，在很大程度上是基于他们相信领导者能够贡献个人的聪明才智来帮助他们实现人生目标。这就把领导者置于负债的地位——意味着他对组织负有债务。

一个比较直率的看法是，领导者欠组织一些资产。在某些组织，所欠缺的是招聘合适人员的能力，也有可能是筹措必要资金的能力。还有一个方面则不甚明了，因此我将其放在长期资产的总标题之下：组织的价值观。价值观可能并不是领导者提出来的，但他有责任去阐述，使之清晰明了，以确保这些价值观成为组织成员进行决策的依据。愿景也应该放在长期资产的标题之下，协定的工作程序同样如此。假如领导者说，"如果您加盟本组织，我答应我们将一起参与制定工作程序。"领导者就有责任兑现承诺。至少于我而言，有一点是明确的，不管是营利性组织还是非营利组织都有一个共同点，即发展人才的全部工作都应以人为中心，而非以组织为中心。

彼得·德鲁克： 换言之，您所发展的是人才，而非工作。您说的是这个意思吗？

马克斯·德普雷： 对，我还认为领导者如果能接受发展人才的风险，组织实现目标的可能性就会很大。

彼得·德鲁克： 但我记得您也曾说过，您能发展的是人本身所具备的素质，而非人本身所没有的，是这样吗？

马克斯·德普雷： 是的。我们现在讨论的是培养人才，而非改造他们。要了解他才能并发挥他的潜能。在很多组织里，我们往往会倾向于把主要精力放在目标的实现上，但如果我们能来关注人才发展，那么就有了一个更高的目标。在此我们正在讨论的是潜能问题。

　　我相信关于人才发展的态度也同样适用于组织发展。我认为如果把全部精力放在目标实现上，就会错失开发潜能的机会。组织目标的实现是一年之计，而潜能的开发则是一生之计。

彼得·德鲁克：您其实关注的是两个方面，不是吗？您关注组织成员的才能、潜力、优势，以及如果能更好地施展才华，他们能取得什么样的成就；但您也关注实现组织目标的需要和机会。您是否总在同时关注内在的个人发展和外在的组织目标的实现？

马克斯·德普雷：您需要把发挥潜能和现实环境联系起来。个人需要承担责任，而承担责任则意味着应该考虑组织需要。

彼得·德鲁克：同时也需要组织成员个人的发展和自我实现？

马克斯·德普雷：确实需要，我认为这是领导者应该承担的责任之一。我认为领导者需要给组织成员提供个人的发展机会，以及分配力所能及而非无法完成的工作任务。

彼得·德鲁克：给个人？

马克斯·德普雷：对，给个人。

彼得·德鲁克：因此，领导者首先要了解组织成员真正的强项，然后尽量将他安排在合适的岗位上，使其能发挥优势，做出成绩来，是这样的吗？

马克斯·德普雷：当然是的。每当我们讲起组织责任和自我实现时，必须明确领导者应该充分授权。放权让组织成员发挥潜力，使之有承担责任和自我实现的空间。如果没有达成这种共识，我们就无法实现组织目标。领导者而非组织成员应该承担更多责任以达成这种共识。下属有权期望领导者给予充分的授权。

彼得·德鲁克： 马克斯，不久前您说过领导者的首要职责是要有跟随者。事实上，领导者唯一的定义就是有跟随的人。为此需要些什么东西？明确的使命？清晰的愿景？

马克斯·德普雷： 领导者必须要有清晰的远景规划。领导者首先应该是一个面向未来的人。但我并没有讲要生搬硬套地规划远景，这完全是两码事。如果要更明确地界定领导者职责，我倾向于其首要职责是明确现实。为了健康发展，为了更新业务程序以及为了生存考虑，任何组织都需要面对现实。

彼得·德鲁克： 您如何来明确一所有2500名学生的人文学院的现实？

马克斯·德普雷： 例如一个现实是，这所学院可能刚好是靠学费来维持运行的。如果不能明确理解这一现实，就不会把较多的精力放在招生上面。因此，领导者为团队清晰地明确现实是很重要的。

彼得·德鲁克： 不久前您提出过一个非常重要的观点，我认为，在非营利组织中还很少有人认识到这一点，即我们绝大多数人还有这样一种观念：人们别无选择，必须找份工作。这一观念在100年前可能是对的，但今天我们有50种不同的谋生方式可供选择，您称为"选择权"。我们必须值得人家为我们努力工作。我们是欠他们的，这就是您所讲的负债的含义。因为他们并不一定要向我们承诺什么，他们是经过多方比较和慎重考虑后，才选择向我们承诺的。

马克斯·德普雷： 对于到哪里工作，做什么样的工作，人们可有很多选择；对于职业中途改行，他们同样可有很多选择。从人们一旦选择了某种职业，就必须一辈子做到底的年代和今天，也就仅仅相隔一代人而已，现在的时代已经完全不一样了。

彼得·德鲁克： 我想必须把这一观念结合到（员工）发展中。

马克斯·德普雷： 对，而且我认为这一观念是与领导者所做的种种承诺有关的，其实质则完全是机会问题，机会显然是我们今天在职业生涯中所追求的最重要目标。

彼得·德鲁克： 什么机会？

马克斯·德普雷： 自我实现、加入有吸引力并收入丰厚的主流社会的机会，做有助于发挥自己潜能的工作的机会，参与有意义事务的机会，成为某项事业的重要部分的机会等。除非考虑到人们对有意义的工作、有机会发挥潜能和建立良好的社会关系网络的种种需求，否则，我们的组织就不可能充满生机。

彼得·德鲁克： 不要哀叹年轻人懒散或以自我为中心这些缺点，我想起有人说："他们有何优点？他们有极强的奉献精神。"也许他们太急于求成，但我们如何来利用他们的优点，使之加盟组织并做出贡献？非营利组织能为新成员、年轻人做些什么，从而使他们能够自律？

马克斯·德普雷： 这是个很大的难题。我想组织因需要更多人来加盟而犯些错误，这总比不太需要人而不犯错误要更好些。

彼得·德鲁克： 即使事故率很高也在所不惜？

马克斯·德普雷： 是的。对组织而言，事故并非必然意味着末日的来临。我觉得在组织活动中，我们需要更好地理解从容不迫的重要性。错误并非组织的末日。在学习提高的过程中，错误在所难免，当然要尽量减少错误。当对组织成员提出高水平的挑战性要求时，我们就更有可能在组织绩效和成员发展两方面都取得更好的成果。

彼得·德鲁克： 马克斯，我想讲两点。首先，对于愿意努力的人，如果第一次没有成功,领导者应给第二次甚至第三次机会;但对不愿努力的人,我不愿浪费精力。其次,如果给新手压重担,提出严格的要求和更多的责任——我总是这样做的,那么必须要为其安排一位导师来加以辅导指点。要是我最初的两位老板没有让我挑重担的话,我可能什么也学不到。他们都非常严格,令人劳神费力;如果犯错,他们会毫不犹豫地严厉批评我,但也愿意听我解释;他们不会随意表扬我,但总是愿意鼓励我。我真不知道究竟欠了他们多少。我认为一个人在成长过程中需要承担很多的责任,特别是新手更是如此。但人的成长也确实需要良师的督导帮助,您是如何给新手提供良师的?

马克斯·德普雷: 根据我的经验,建立正式的师徒督导制度绝非易事。我个人认为能否建立师徒督导关系,在某种意义上要看双方是否能达成某种默契。即使某人想帮助其他人,也还需要看别人是否愿意接受帮助。我相信在组织内形成帮教互学氛围的最佳方式是,一旦有这种情况发生,就予以表彰奖励,而不是建立正式的师徒督导制度。

彼得·德鲁克: 这就需要格外留意发掘这些人——他们通常并非惹人注目,默默地做着培训发展工作,然后给予认可表扬,号召其他组织成员向他们学习。

马克斯·德普雷: 对。

彼得·德鲁克: 把这当作组织的一种关键职能?

马克斯·德普雷: 对,领导者最好能让这些人知道,领导者本人确实已经察觉到了他们对组织做出的贡献。这一点绝不可疏忽大意。

彼得·德鲁克: 马克斯,虽然现在您一直在讲"领导者"本身的问题,然而您却以在自己的组织里组建强有力的合作团队而闻名遐迩,并因在您担任董事的组织反复强调团队的重要性而备受瞩目。因此,我想问的是:

如何组建团队？特别是在其职员、志愿者和董事会中都有专业人士，为了共同的使命和愿景走到一起的组织。

马克斯·德普雷： 我认为组建团队的第一要素是理解工作任务，什么工作必须完成。

彼得·德鲁克： 您指的是关键工作任务吗？

马克斯·德普雷： 是团队的关键工作任务。第二要素是选人。选人过程涉及很大的风险。选人时，我想我们必须清楚在分配工作任务时需要做适当的调整，然后通过反复交流沟通来明确工作安排。要顺利完成工作任务，对工作程序、适当的工作时间表和绩效评估标准都应达成共识。这些似乎是老生常谈，但这是一项艰巨的工作。

还有一项要素：评估领导素质的方式，也就是我所讲的组织风格，而非领导者魅力，也不是企业或领导在其他方面所获得的知名度的高低。组织应对环境变化的调整能力如何？组织处理冲突的能力如何？组织满足利益相关者或客户等的能力如何？这最终就是评估领导素质的方式。

彼得·德鲁克： 能把领导者离任后组织会如何发展也包括在"组织风格"中吗？

马克斯·德普雷： 组织的可持续发展是关键的领导责任之一。

彼得·德鲁克： 让我来对这次访谈做一下总结。我们总是讲领导者是为组织服务的，马克斯您同样也强调了这一点，但您强调领导者的负债，则是我们不常听到的：领导者把他和组织都是负债者这样一种认识作为工作的出发点。他们是欠客户、委托人、利益相关者的，不论这些债主是社区居民、病人还是学生；他们也欠下属的，不论他们是教师、职员还是志愿者。他们的欠债在服务组织过程中确保了人们能够发挥潜能和达成目标。

5

小结：实践原则

　　这些日子大家都纷纷在谈论领导能力，这确实是个十分迫切的问题，然而在讨论领导能力之前，实际上我们应该首先确立使命。非营利组织是为其使命存在的，它们的存在是为了改善社会和我们每个人的生活。它们为其使命存在，这一点必须铭记在心。领导者的首要任务则是确保每个人能够看见使命、听见使命并使之体现在组织的日常经营活动中。如果你看不见使命，前途就会充满坎坷，而且这是立竿见影的。然而，我们需要进行统筹考虑，也需要适时对使命进行调整变革。

　　我们可以对组织存在的根本原因进行源远流长的追溯。只要人类存在，我们就是卑劣的罪人；只要人类存在，就有病人需要照顾。我们明白无论社会如何完善，都会有酗酒者、吸毒者，都会有人需要救世军去宽慰、去帮助、去努力使之康复，因此孩子们必须学习。在成长过程中，孩子们需要参加童子军活动。这种切身体验有助于培养他们良好的品性，给他们规范的社会角色的榜样，给他们指出正确的发展方向，并充分发挥他们的聪明才智，让他们能够有所收获和提高，成为有用之材。

我们必须反复地审视使命，仔细考虑是否需要对其进行调整和重新定位，这是因为人口分布特征发生了变化，这是因为我们需要舍弃那些不能产生效益却要耗费很多资源的项目，这是因为我们已经完成了既定的目标任务。有一个例子能很好地说明这一点。有所学校正处在巨大危机之中，因为它已经实现了原先的使命目标：使所有种族的孩子都能上几年的学。而现在必须考虑我们对学校真正的期望是什么。当初高达 90% 的孩子都没有系统的上学读书的机会，那时校长们所追求的目标与现在相比，在很多方面有很大的不同。因此，把分析外部环境变化作为新的出发点是十分重要的。如果组织只关注内部现状，把这作为重新确定使命的出发点，然后据此进行资源配置，将会走向穷途末路。毕竟这是在迷恋过去，而非展望未来。领导者应该从组织外部寻找发展机会，寻找社会的需求。

与此同时，使命总是长远的，需要短期努力和一连串短期成果的积累，然而所着眼的是长期目标。17 世纪伟大的诗人和宗教哲学家约翰·邓恩（John Donne）有一句精辟的传教名言："永恒不是从明天开始的，永恒也不是小步所能达成的。"因此，我们必须先建立长期目标，然后再回过头来问：今天我们应该做些什么？

"做"是个关键词。这就是美国和日本企业计划的差别所在。并不是日本企业的计划者更胜一筹，而是他们在开始做计划时会问：10 年后我们应达到什么目标？而美国企业开始做计划时考虑的是：什么是本季度的目标

"底线"？与绝大多数美国人的观念相反的是，日本企业比美国企业更高明些，准确地说，是因为它们是先建立长期目标，然后再返回来做短期计划。所有长盛不衰的美国企业也是这样做的，从而达到了长期目标。美国有一些取得巨大成功的长寿公司：贝尔电话系统公司（Bell Telephone System）已有五六十年历史；西尔斯-罗巴克公司（Sears-Roebuck）已长达60年；通用汽车公司（General Motors）一直到现在都很成功。它们都设立了一个非常明确的长期目标作为经营的出发点。西尔斯的长期目标是：我们的业务面向所有信息灵通和反应敏捷的美国家庭用户。然后，再来设计短期的行动方案。例如，就在第二次世界大战结束不久，当退伍军人纷纷解甲归田、结婚成家之际，西尔斯随即开展钻石珠宝零售业务，但公司所着眼的始终是长期目标。这对非营利组织来说尤为重要，不仅仅因为它们没有直截了当的"底线"，还因为它们是为社会提供各种公益服务的。

但行动方案总是短期的。因此领导者始终应该考虑：这一行动步骤会有助于达成我们的长期目标吗？或这会使我们误入歧途吗？会转移我们的注意力吗？会模糊我们的基本业务范围吗？这是首要的问题。

而且我们还必须关注结果。我们应该接着问：我们做出努力能够收获丰硕的成果吗？这是最佳的资源配置方案吗？虽然满足人类需求始终是我们矢志不移的行动理念，但仅凭这一点还是不够的。行动必须要有成效，行动必须以目标为中心，只有这样我们才可以自豪地说：我们的努力没有白费。因此，面对行动计划和项目方案，必须考虑这个问题：能否达到预期的效果？领导者的工作就是确保采取的正确行动方案并达到预期的效果。

领导者有责任对资源进行合理配置，特别是那些主要依靠志愿者和捐资者的组织领导者尤其如此。领导者需要对结果负责，并始终应该扪心自问：我们是否确实能够忠实可靠地管理托付给我们的宝贵资源？这些宝贵资源就是组织成员和资金。领导是行动，而非仅仅构思宏伟的计划方案，也非仅仅依靠领袖气质，更非演戏展示。领导是脚踏实地的行动，行动的首要任务是修正使命、重新定位、建立相应的组织结构和进行必要的资源配置，并放弃已经过时的使命。领导者应该扪心自问：我们是否理解现在所掌握的信息？我们是否应该重新进入这个业务领域？我们是否应该加强这一领域？我们是否应该投入更多的资源，或是否应该逐渐减少投资？这些是任何使命都会要求落实的首要行动。

另一方面则需要保持组织的精干、热情和创新能力。有一句古老的医学谚语：吐故才能纳新。因此，行动的首要要求是：始终保持竞争力、随时准备调整变革和永不骄傲自满。这是在成功之际所要做的。如果拖延到大势不妙时再采取挽救措施，将是十分困难的，虽然仍有扭转颓势的可能，但代价惨重、收效甚微，可谓事倍功半。

接着需要全面考虑事情的轻重缓急，这说起来容易做起来难。因为这总会涉及需要放弃一些似乎极有吸引力的事情，一些不管是组织内部还是外部都有人在争相推行的事情。但不能集中组织资源，就无法获取理想的成果。这可能是领导能力的最终检验标准：全面考虑优先决策，再持之以恒地贯彻的能力。

领导也是榜样。领导者引人注目，代表整个组织。在离开办公室驾车回家时，领导者可能是默默无闻的，但在组织内部，则是光彩夺目的。不仅在地方性小型组织是这样，就是在全国甚至国际大型组织也同样如此。领导者给组织成员树立榜样。其言行必须符合大家的期望，不论组织其他成员能否做到，领导者不仅要代表实际的形象，还要代表组织成员所期望的形象。

因此，判断领导者行为的一个有效法则就是扪心自问：明天清晨照镜子时，所看到的形象是不是我想看到的？是我所期望看到的那种领导者形象吗？如果能遵循这条法则，你就能避免那些一次又一次毁坏领导者形象的错误：无精打采地鼓动员工要斗志昂扬、在组织里斤斤计较、钩心斗角以及其他诸如此类我们常做的蠢事。可能某个组织成员就是这样做的，那是他个人的事情，但领导者是公众人物，是整个组织的代表。然后领导者还应该扪心自问：作为领导者，我该做些什么来建立组织的规范？我该做些什么来使组织能够迎接挑战、抓住新的机遇、提高创新能力呢？是我该做些什么，而不是组织该做些什么，要勇于承担行动责任。什么是我自己的头等大事？什么是组织的头等大事？有何判断标准？这些都是迫在眉睫的行动议程，都是必须解决的问题。

你可能会认为，这些是首席执行官要做的事情，而我只是每个星期工作 3 个小时的志愿者，当幼女童子军小队的女领队或者在病人床边的放束鲜花而已。但你是一名领导者，这是一份激动人心的事业，一件令人耳目一新的事情，从传统意义来说，我们并非仅仅消极地投票选举和依法纳税，我们不是在做生意。有很多有关共同管理的言论，但这并没有太多实际意义，在许多方面，我们永远都无法实现共同管理，我们所面对的压力也许太大。在有近 2.5 亿人口的美国，即使一个小镇也有 5 万居民，一个公民实际能做的事情非常有限。即使是在最小的市镇，我们也无法有效地恢复 200 年前在新英格兰所推行的那种人人参与的市镇会议模式，要知道，当时的新英格兰小镇大约只有区区 120 人而已。

但我们在服务社会的非营利组织里所做的，正是这样一件意义重大的事情。领导者在不断地增加，他们是领薪的正式员工和不领薪的志愿者。在教堂只有寥寥几个人是教区正式任命的，为教堂工作和完成主要任务的1000名志愿者并没有得到正式任命，他们永远都不会得到正式任命，也从来没有得到任何报酬。在美国女童子军组织，不领薪的志愿者是领薪员工的100倍，而每个志愿者在做的都是责任重大的工作。我们正在通过非营利性服务机构来创建未来的社会。在未来的社会中，每个人都是领导者，每个人都肩负重任，每个人都勤勉踏实地工作；每个人都重视自己的价值；每个人都在为组织实现愿景、提高竞争力和业绩而勤勉工作。因此，使命和领导才能并非只是在空泛的纸上谈兵，而是实际行动的指导原则和切实保障，使你愿意并能够把美好的愿望和广博的知识付诸卓有成效的行动，使你不需要等到明年，而是从明天早上就可以开始行动。

第二章

从使命到成果
市场营销、创新和基金发展的有效战略

MANAGING THE NON-PROFIT
ORGANIZATION

1 实现理想

2 制胜战略

3 定义市场：菲利普·科特勒访谈录

4 构建捐赠群体：达德利·哈夫纳访谈录

5 小结：实践原则

1 实现理想

非营利组织不只是提供服务，它希望其终端服务对象不要成为消极的受惠者，而是成为积极的行动者。它运用服务项目引领人类的变革实践。从这个意义上讲，例如，一所学校与宝洁公司之间就存在巨大的差别。学校给人类创造了一个陶冶性情、拓展视野、培养奉献精神和接受知识的教育环境。学校不仅要成为教育服务的提供者，而且还要努力成为教育服务的接受者。在达到这一点之前，应该说非营利组织还没有实现理想，只是有良好的愿望而已。

拿破仑说过，发动战争需要具备三个条件：第一个是资金；第二个是资金；第三个还是资金。对战争而言，这可能是对的，但对非营利组织则并非如此，而是需要具备四个条件：计划、营销、人才和资金。

在第一章我们刚刚讨论了计划问题，人才问题我们稍后在本书第四和第五章进行探讨。在本章我们侧重论述把计划付诸实践并达到目标的战略方案。我们如何把服务提供给"客户"，即我们所服务的社区？我们如何推广服务？我们又如何筹集提供服务所必需的资金？

运作良好的非营利组织通常会认为不需要市场营销。但正如19世纪一位大名鼎鼎的骗子的经典名言所说："卖掉布鲁克林大桥总比把它免费赠送给人家要容易得多。"如果你免费赠送，没有人会相信，即使是最令人受益的服务也还是需要进行营销的。但非营利性部门的市场营销和企业的推销有很大区别。对于企业来说，更重要的是需要了解市场，即所谓的市场研究，进行市场细分，从接受方的角度来分析所提供的服务。你必须了解所推销的产品、目标客户和推销时机。虽然非营利组织的营销使用了许多和企业一样的名词术语，甚至许多工具方法也都是一样的，但实际上两者之间的差别还是很大的，因为非营利组织所推销的是一些"无形的东西"，是一些你为消费者转换成价值的东西。医院不是在推销病人，不是向医生推销病人的疾病。医生是非营利性医院的主要客户，医院能做的营销工作是帮助医生治病救人。这是一个抽象的概念，而推销抽象的概念与推销具体的产品是不一样的。

要有效地经营非营利组织，必须在设计服务的过程中考虑营销问题。这是高层主管的工作重点，虽然其他方面的情况也同样需要引起高度重视，比如人员、市场和研究等。一个大型的全国性组织，如美国癌症协会（ACS），正在开展一项极为复杂的市场研究，需要运用详尽的有关资金筹集的统计数据，需要医生咨询委员会与在各地医院工作的临床医生的通力合作。在很多方面，这些临床医生是协会的首要服务对象，并且还要综合考虑其他诸如此类的问题。美国癌症协会不能在设计服务项目时闭门造车，然后直接去兜售这些项目。

社区福利基金（Community Chest）或通常所谓的联合劝募协会（United Way）是由美国人独创的，在许多方面都能对市场变化做出迅速反应。大众对捐赠程序要经过29个不同组织部门的层层处理感到极度沮丧，并怀疑这是否意味着极高的筹资成本，因为这样一来，捐赠的大部分资金都耗费在捐赠处理的过程中，到不了急需这些资金的受惠方。联合劝募协会的服务项目的设计在这些年并没有多大变化：社区的企业雇主是其集资代理人。但联合劝募协会必须适时更新营销方式，根据企业员工人数的变化做适当调整，必须了解应到哪些企业去筹资，把当地的哪些社团组织纳入筹资对象的范围，以便能与产业界展开有效的合作。它必须充分了解就业结构的变化情况，以便设计最有效的筹资诉求。那些没有这样去做而满足于加强推销力度的非营利组织，就做得不太好了。

在此需要顺便提及的是，在设计非营利组织的服务和营销方案时，应该集中于你所擅长的业务，这一点非常重要，必须记住。如果你在管理一家医院，最好不要涉足你没有竞争力的业务领域。假如要开设神经科诊所，你需要一定数量的关键设施，比如四五十张病床，来保障工作的顺利进行。假如你在南达科他州的银鱼（Silver Fish，South Dakota）开了唯一的一家医院，方圆100英里⊖再也没有其他医院了，那么你就要做一些必要的事情。依我看，即使是在这样的地方，你最好也要能用直升机把神经病患者送到最近的医疗中心，从经济上分析这样做可能是不合算的，但从竞争力

⊖ 1英里＝1609.344米。

角度讲，则是绝对必要的。你应该听到过这么一个普遍性的建议：如果某家医院一年内所做的心脏搭桥手术达不到两三百例的话，就不要到那里去做这种手术。因此，你必须日复一日地去做这些有着极高要求的技术性业务。大学学院也同样如此，事实上，人文学院的一大通病是自以为无所不能。不要把宝贵的资源浪费在不会有结果的事务上，这可能是有效营销的首要法则。

第二条法则是了解客户。对，我讲的就是客户。如果把客户定义成可以拒绝产品或服务的人，那么实际上每个组织都有多种客户。对清洁用品制造商来说，超市并非一定要把它们的清洁剂摆在货架上销售，这样也就当然不会进入家庭主妇的采购视线，除非家庭主妇想要购买清洁剂，不然就不会有交易的发生。因此，你就有两种客户：超市和家庭主妇。男童子军和女童子军组织的客户则更多：父母、子女，还有志愿者。没有志愿者，童子军组织就无法运行；而且学校教师也是童子军组织的营销对象，否则老师们可以轻而易举地影响甚至可能阻止学生参与童子军活动。

因此，为非营利组织的服务项目设计合适的营销策略是首要的基本战略任务：非营利组织需要市场知识，需要制订一个长期和短期目标都明确的营销计划，即需要承担起营销责任，需要严肃认真地满足客户需求。这不是说我们知道什么东西适合他们，而是要知道什么是他们认为有价值的东西，以及如何把这些东西送到客户手中。

非营利组织也需要基金发展策略。资金来源方面可能是非营利组织和企业以及政府之间最大的差别所在。企业通过向客户推销产品服务获取资金，政府靠税收，而非营利组织则必须向捐赠者筹集资金。它们所筹集的资金——至少大部分——来自希望参与某项崇高事业但自身并不因此受益的那些人。

资金总是稀缺的。确实有非常多的非营利组织的主管似乎相信只要有更多的资金，他们所有的问题就可以迎刃而解，实际上其中有些主管甚至相信资金筹集是其真正的使命。例如，一些私立学院的院长或大学校长都在全力以赴地筹集资金，以至于既没有时间也没有精力顾及教育领导的本职工作。

如果某一非营利组织只顾资金筹集，则意味着会陷入严重的困境和定位危机。筹措资金的战略目的恰恰在于使非营利组织能够致力于使命，而不是本末倒置，让使命屈从于资金的筹措。这就是非营利组织的领导者现在把基金筹集（fund raising）改为基金发展（fund development）的原因。基金筹集意味着由于资金需求巨大而端着钵碗四处化缘，乞求施舍；基金发展则是创建那些支持组织活动并认为那是有价值的捐赠团体，这意味着发展我所讲的通过捐助来参与组织活动的会员关系网络。

基金发展的第一个相关团体是组织的董事会。据我们了解，管理非营利组织的是那种老式的董事会，仅仅对机构持同情心的董事会是远远不够的，我们所需要的是那种在筹集基金过程中能起积极领导作用的董事会，其成员不仅本身是大度的捐赠者，而且还是积极的基金筹措者，即基金发展者。当某位董事会成员（比如说是房地产开发商）宣称"我进入了医院的董事会"，他的朋友的第一反应是："约翰，你向医院捐了多少资金？"如果回答是500美元，那么这就是医院所获得的全部捐赠。

你还希望董事会能做些与资金有关的其他工作：能够审计方案和资源以取得平衡，以保证组织的正常运作；经营教堂、医院或学校的领导者应充满热情，你不想让那些消极的唱反调者担任这些职务。但领导者必须思考：把我们的资源投入到所选择的方案能达到最佳的效果吗？

企业凭自己的产品或服务获取资金收益，非营利性机构的资金则不是本身所有的，而是捐赠者委托其管理的，董事会的职责是确保这些资金用途的正当性，这也是非营利组织经营战略的一个组成部分。

不久之前，许多非营利组织在资金上大体还能自给自足，一般只在开展一些额外项目时需要外部资金的捐助，比如兴建新科技中心或新的心脏病科室，而现在有越来越多的非营利组织需要外部资金来进行日常的运作。财务资源的开发变得日益重要的另一个原因是，因为巨额捐赠资金已经变得不再那么重要了。以往一般是靠社区内的两三个富翁支撑着教堂，但现在不能再这样做了。这不仅是因为教堂的日常开支更大了，还因为对富翁的需求急剧增加，但富翁人数相对而言又非常少。因此，非营利组织的主管必须建立捐赠的群众基础才能解决资金需求的问题。

这就需要董事会通过示范和领导作用，来发展捐赠的群众基础。

当然，总有进行紧急救济和呼吁的情况发生，比如最近发生的地震、非洲正在挨饿的儿童或是越南船民之类的事情，但仅凭一时的悲情呼吁是无济于事的。我的一位领导一家大型的国际救济组织的朋友曾说过"同情心疲乏"问题。这个世界上每天都在发生如此多的灾难，我们对这些时时刻刻在发生的揪心的悲惨故事已变得无动于衷了。

在基金发展过程中，不仅要唤起良知，还要保持理智，做长期不懈的努力。非营利性机构的管理者必须全面考虑如何来确定努力的"效果"，然后将信息及时反馈给捐赠者，以表明他们正在获得成果。

此外，还必须教育这些捐赠者，使他们能够认可并接受这些成果。认识到捐赠者并不会自动地理解组织正在从事的事业，也许这是最近才有的认知进步。捐赠者越来越精明老练,仅仅宣传"教育是益事或者健康是好事"是不能打动他们的。他们会问:你教育的对象有哪些?为什么要进行教育?

我们用了很长的时间才认识到需要建立捐赠团体,至今我已工作了20年之久的克莱蒙特学院就是因此而成立的。在20世纪20年代,波莫纳(Pomona)学院是克莱蒙特其他学院的母校,院长当时意识到南加利福尼亚地区及其学院的人口将会快速增加,而这就需要一大笔学院发展资金。因此,他在当地创建了几家新企业,并亲自经营了好几年,直到达到收支平衡。然后他挑选了一个最优秀的年轻毕业生,将企业全部移交给他,还给了他1万美元,并对他说:"这些都是你的了,你去经营吧!如果成功了,这些都不必还了,但要记住我们学院。"这就是为什么波莫纳学院以及其他克莱蒙特学院至今仍能收到这么多捐助的原因。他建立了一个非常庞大的长期性捐赠团体。这些努力在开始的20年里并没有开花结果,但一旦开花结果,得到的就是千倍的回报。我并不是说大家都应该这么做。这是一个建立长期捐助团体的范例,那些知恩图报的人提供捐助并非只是因为有人提醒,而是把对这些机构的支持看作一种自我实现。这就是基金发展的最终目标。

2
制 胜 战 略

俗话说：搬掉大山不仅需要雄心壮志，更需要推土机。对于非营利性机构来说，使命和计划（如果这就是所有的一切）就是雄心壮志，而战略则是推土机。战略将计划转变为实际的成果，这在非营利组织中显得尤为重要。圣·奥古斯丁曾经说过："一个人既要虔诚地祈祷奇迹的降临，同时也要为实现目标而努力工作。"战略引导你去为实现目标而努力工作，将雄心壮志转变为具体的实际行动，将努力工作转变为有效的成果。同时战略还告诉你需要什么资源和人才来实现目标。

我曾经反对"战略"这个词，认为它充满了火药味，但我已经慢慢地转变了观念。这是因为在许多营利性和非营利组织中，制订计划被认为是一种充满智慧的工作。把计划做成精美的手册，然后束之高阁。每个人都觉得功德无量：我们已经制订了计划。但是在付诸实施之前，计划并无任何实际意义。从另一个方面来说，战略是以行动为中心的。所以，我已经勉强接受了"战略"这个词，因为很明显，战略并非是你梦想的空中楼阁，而是你为实现目标而努力奋斗的实际行动。

这是一个关于制胜战略的例子，位于美国罗得岛州普罗威登斯的布朗大学，在20年前只是哈佛大学的一个受人尊敬的追随者，被称为"哈佛的小姐妹"，尽管拥有一流的师资队伍，却一直没有自己的特色，只是在步人后尘而已。直到一位刚上任的校长开始发问：在激烈的竞争中，北有哈佛、南有耶鲁，在我们周边一个小时车程的范围内还有12所一流的人文学院，我们必须怎样做才能成为领先者？他专注于两件事情：第一，让女学生在学校享受充分的公民权。虽然布朗大学一直有自己的女子学院——彭布罗克学院（Pembroke），但在这之前并不允许女子主修诸如数学、自然科学、医学预科、计算机之类的课程，而让女生享受充分的公民权则意味着开放这些学校传统的女生禁地，而且还系统地聘请了在这些领域十分出色的女性来担任教师。第二，使大学的教学方式和学生的实际需求紧密地联系起来。在过去的10年里，布朗大学成为东部最受聪明学生欢迎的大学。

这几乎可以说是成功营销战略的一个经典案例。布朗大学的校长所做的是认清市场的变化：年轻职业女性的出现；在经历了20世纪60年代的动荡之后，学生希望有自己的社交圈。然后他制订了接近这些潜在客户的独特的计划方案并付诸行动。

精益求精

在美国，我们常常不太重视精益求精的战略。我第一次去日本时，日本经济正开始起飞，使我震惊的正是其精益求精的战略。我本来是想去寻找创新的战略，可一无所获。但在日本的任何一个地方，无论是大学、企业或是政府机构，都有一个明确的改进战略。他们不谈创新，而是问：我们如何精益求精？就是在一些可能非常平常的事情上，比如擦地板，也一样地精益求精。这可能是一个非常重要的变革：不仅仅是引进新的机器设备来充实原有的生产设施，还必须去改进这些设施并重组整个作业过程。但焦点还是如何去改进产品、作业过程、工作方式和培训方式，你需要一个持续的战略去做这些事情。

为了系统地提高一个机构的生产力，必须对生产的每个要素都制定相应的战略。人总是第一要素，但这并不是指如何更加努力地工作——这一点我们早就知道了，而是指如何更机智地工作，即把人放到合适的岗位上使其确实可以充分发挥潜能。第二个普遍的要素是资金。如何从我们所有的有限资金中获取更高的回报，而资金总是稀缺的。第三个要素是时间。

必须设定生产目标，而且应该是雄心勃勃的生产目标。每当我和有关人士坐在一起讨论生产目标时，他们总是说："您把目标定得太高了。"我的老朋友肯尼斯·克拉克（Kenneth Clark），一个黑人社区的伟大人物、纽约城市大学的心理学家，曾经告诫我说，我们设定的目标应该是希望完成目标的两倍，因为在落实过程中我们总是会把目标降低一半。这听起来有点讽刺意味，但确实有道理，所以你得把目标定得高一点。但是不要高到让人觉得是绝对不可能的，而是要高到让人觉得奋力一跳还是可以够得到的。

持续改进也包括抛弃不再有用的旧事物，同时还包括创新目标。以3M公司为例，每年该公司会推出200种新产品。它们宣称10年后其中80%——我们还从来都没有听说过的产品——会在生产线上生产，然后它们就持续不断地投入工作。几乎人类使用的任何东西迟早都会过时，所以我们必须不断地进行更新。什么是我们的创新战略？我们将在哪些方面做得与众不同？或用什么截然不同的方式来做相同的事情？设立一个目标，然后付诸行动。

然而，对非营利组织的管理者来说，目标本身就不是非常清晰明确的。比如，你如何来评估精神健康中心的战略目标？今年是否做得比去年"更好"？

你可以设法确定"更好"的含义。我知道一家大型精神健康中心在做一项非常独特并且极难取得成果的工作——收治妄想症病人。中心主任是我的好朋友，我劝他："诊治妄想症必定是一件令人沮丧的事情，现在我们可以帮助病人治好抑郁症，也可以一定程度地治愈精神分裂症，但要治疗妄想症，效果实在非常有限。"他回答我："德鲁克，你错了。我们的目标十分简单：我们知道治不好，对其病理一无所知，但我们还是可以帮助妄想症患者认识到病情，这已经算是向前迈出了一大步。因为患者知道他们生病了，而非这个世界不正常。虽然治不好，但还是有些帮助。"

这是定性化的目标。你可以设立这样一种目标：虽然不可以定量测评，但可以评估和判断。

真正有成就的研究人员并不能事先量化其研究成果，但他们可以每隔

3年进行一次测评：过去3年我们的研究有何进展？接下来应该计划做些什么工作？这些都是定性的测评，至少与定量测评一样重要。我认为我们必须首先确定定性测评方法，没有定性测评依据的定量测评是最糟糕的，会使测评结果毫无意义。

那么牧师是怎么制定战略的？首先，他要确定目标——要做什么？如果你是一个牧师，就可以对人们做某种假设，你可以假设人们如果去教堂，就可能增加被上帝救赎的机会。

作为一个有60年教龄的老教师，我始终假设，学生坐下来读书的时间越多，所学的知识也越多。虽然这一假设并没有被证实，但你必须这样假设。因此，牧师要设立的目标就是筹备集会来汇聚教徒。

那么筹备一个什么样的集会呢？并不是每一个牧师的想法都是一样的。你可能会发现，有些牧师认为：只要我把他们带到教堂就已经足够了；而另一些则认为：不，我只想把那些虔诚的人带到上帝面前。由此可见，即使从事同一种职业，对其使命的理解也是很不一样的。在此，前者是要建立一个广泛的组织，而后者只想组建一个真正坚定的信徒团体。

然后就得问：要取得哪些具体的成果呢？无论是教堂、医院、男童子军或是公共图书馆，战略的框架都是一样的。首先，要设置目标，目标必须服从使命，也必须和环境相适应。然后，需要考虑不同方面的情况要达到什么样的不同目标。牧师会根据教堂所在社区居民的结构类别来细分市场，为每一细分市场设计不同的服务方式。我曾在会议中听一个非常成功的牧师说过："一个正式任命的主管牧师，如果能够集中力量同时为五个细分市场的居民提供服务，即使不十分精明能干，也可以在5～7年的时间里建成一个大型的教堂。当然，他要为五个细分市场配备五个尽职的牧师：青年、单身男女、年轻夫妇、卧病在家者、老年人。"然后，他又补充道："当然了，为这五个牧师设置的目标必须根据所在社区的实际情况来确定。"

这听起来似乎很简单，但我听到医院的管理者也讲过几乎同样的话，必须关注最终的受益者，即所谓的目标市场或终端客户，无论是教堂、医院、男童子军还是公共图书馆的目标市场，其战略框架都是一样的。假如是公共图书馆，服务的市场有成年人、年轻人、学前儿童甚至还有学校。应该把每一个群体看作一个不同的细分市场，虽然他们使用同一个建筑设施，接受同一种服务，阅读同一批图书，但我觉得还是应该分别对待，提供不同的服务，并且需要制订相应的营销计划。你需要有资金支持，需要合理分配资源；需要进行交流沟通，还需要获得反馈信息。

第一，目标必须明确，然后必须转化为明确的目标和明确的目标市场，每个目标群体必须瞄准明确的客户和明确的市场区域。你可能需要制定很多诸如此类的特定战略。美国心脏协会根据资金筹措情况把美国公众划分为41个不同的细分市场，虽然听起来实在很多，但这也从某个方面解释了它如此成功的原因。

第二，必须为每一个目标群体制订一个具体的营销计划，并以实际的营销措施来贯彻落实。如何联系特定的细分市场？这就需要资源，首先是人才，然后是资金，以及这两种资源的分配方案。

第三，涉及一系列的交流沟通和培训。谁应该做些什么？什么时候做？需要达到什么样的目标？需要采取什么方法？使用什么样的语言形式？一个牧师曾经告诉我，在和各个宗教专业团队谈论目标和使命时，即使已经毕业25年了，他还是使用神学院的语言。不过对非专业的志愿者工作团队来说，这就是一种很陌生的语言了。如果医院管理者使用像"实施""实现""计划"这样的一些专业术语，听起来可能会令人感到陌生；同理，如果对非常清楚身体的每一块肌肉的理疗专业医务人员使用这些术语，也会给人同样的感觉。所以，你必须了解谁应该做什么工作，用什么样的形式进行交流沟通，以便使他们充分了解其工作特性。

第四，需要充足的后勤保障（可能需要一个更贴切的词来表达）。需要什么资源？提到这一点，我就会想起一则经典逸闻：拿破仑手下能干的元帅向他汇报攻打普鲁士、西班牙或其他地区的作战计划时，拿破仑都会静静地听他们说完，然后问："我们需要多少战马？"通常他们都没有考虑到，现有的战马数量无法满足作战计划的需要。这是一个非常经典的例子。

最后，你会问："什么时候才能看到结果？"要有耐心，但必须了解可能产生的各种结果，并采取相应的行动措施。想要得到什么样的反馈信息？如何来测评进展情况以及在这个领域什么是关键因素？我们是否还没有达到进度要求？如果不能加快进度的话，我们必须收缩战线（用拿破仑的话来说就是"战马还没有准备好"）。或者，我们是否已经走在进度计划的前面？这是不是我们全面加快进度的一个机会？是否意味着我们会面临危险的冒进问题？总之，需要获取反馈信息并制定相应的控制措施。

我认为任何组织的战略步骤都是基本一致的，至于如何执行则主要取决于组织的具体情况。

要有效地推进战略进程，需要进行书面和口头的充分交流沟通。书面形式的战略计划的一个主要优点是，可以传达到组织每个层级的每一个成员，让他们进行复核和讨论："对第三点有何疑问吗？"有人可能会说："我们在讨论第三点吗？我想我们还得再讨论一下第二点。"大家踊跃讨论发言，关键是要鼓励提问质疑。

在进行充分讨论之后，应适时收拢话题并进行总结："这是我刚才听到的发言意见，大家都希望我这样去做，对吗？"在某些情况下，口头讨论比书面交流更加有效，比如在不容易产生误解的情况下，以及比较自由不太正规的场合。

在我的印象中，有关非营利组织的制胜战略的一个最佳范例是美国大自然保护协会（Nature Conservancy）。其目标非常清晰：尽其可能地保护上帝创造的因人类扩展而濒危的动植物的生态多样性。董事会成员制定的第一项战略措施是寻找并确认需要保护的自然环境；第二项措施是筹集资金，把确认的自然保护区买下来；第三项则是如何来管理自然保护区。而提供资金的人士则是本地人。他们建立起全国性的组织机构，以便于和各地人士接触联系。他们的一个具体目标是每年建立 15 个大型自然保护区，我认为这个目标极为远大。但他们确实实现了目标，这是因为他们制定的目标和具体的执行措施都十分清晰明了。我认为其董事会在成功推进战略目标的实施过程中所起的作用非常关键。

但在制定战略时要注意一个问题：不要因为有争议而不去确定战略目标。由于这一点处理得不好几乎毁了一家大型医院，因为它想回避一个充满争议的尖锐问题：是努力提高病床使用率，还是尽力向患者提供最佳的治疗服务？医院最著名的眼科医生建议把眼科手术迁到邻近相对独立的眼科门诊部去做。他们认为这是一项改进医疗服务质量的举措，并且也是医院向未来医疗服务体制迈进的第一步，具有实质性的意义。医院的部分管理层也这么认为，但董事会只看到这样做会降低病床使用率，而这是其优先考虑的问题。最终，医院的那些著名的眼科医生对这种争议感到厌烦，就一起辞职不干了，把门诊和住院的眼科患者都一起带走了，医院另外一些著名的医生也跟着走了。3年后医院的声誉和病床使用率都一落千丈，最后不得不出售给一家营利性的连锁医院。

战略在执行过程中不免要进行折中调整，但战略目标则不能轻易折中妥协，不能模棱两可，不能企图左右逢源、两头讨好。

还有另外一个注意事项：不要企图用同样的战略方案去服务不同的细分市场。几年前，我曾参与一项战略管理方案的制订工作。我们清晰地阐明了目标，但没有充分考虑市场细分问题。我们试图用同样的战略向所有的客户提供服务，但经过六七年的埋头苦干，结果并不理想。因此我们坐下来分析："诸位是否注意到了：事实上我们所服务的是三个截然不同的市场，虽然他们都采用相同的服务项目，但其采用的理由则各不相同。"于是我们对战略方案进行了调整，让不同的管理人员分别去经营不同的目标市场。于是新的战略方案开始奏效了。

如 何 创 新

非营利组织向来不缺好的创意，最缺的是将这些创意转化为实际成果的意愿和能力，这就需要一种创新战略。一个成功的非营利组织能及时发现机会，具有创新性的组织能系统地在组织内部和外部寻求创新机会。

实际上，有一种战略是不会错的：当你取得成功的时候就要对组织进行重新定位和调整。当航行一切顺利的时候，有人会说："不要去碰那船，如果船没有破，就不要去修它。"在这一点上，我们希望在你的组织中有这样的人，他们愿意说一些不那么中听的话："让我们做一些改进吧。"如果你不做改进，组织就会迅速地走下坡路。

在过去的 15 年内，非常多的大型机构所遇到的实际问题就是陶醉于它们已经取得的荣誉。来看一下艾森豪威尔时代的早期美国工会，当时这个工会在同行中可以称得上是老大，但现在它到哪里去了？导致这种不幸结局的主要原因就是当时有人提出："我们已经实现了目标，现在应该对工会进行改进了。"但这样的人却遭到了驱逐，受到了像小男孩在教堂里说了脏话那样的待遇。20 年前，西尔斯-罗巴克公司曾是零售业的老大，是 70%美国家庭的首选。公司开始满足于这一切，以至于忽略了美国市场变化的所有信号。当你获得成功的时候，也正是你该问"我们能做得更好吗"这种问题的关键时刻。改进战略的最佳法则就是努力获得成功，然后改进取得成功的领域，对其进行变革。

这是领导者责无旁贷的责任，因为推行变革势必触及组织的灵魂（核心价值观）。因此，经营创新性组织的领导者必须把他们自己训练成能在组织外部寻求变革机会的人。有意思的是，学会在外部远比在内部寻找机会容易得多，但明智的做法是应同时在组织内部和外部系统地寻找变革机会。

我所知道的最成功的大学，即使在全国性生源锐减的时期，仍然运用这一法则成功地提高了申请者的数量和质量。该校的校长和招生负责人曾花了数周的时间访问了几所高中，及时知晓了学生对大学的期望正在发生变化。在如今的美国，教堂聚会是一种非常重要的社交活动，教堂关注着人口特征的变化，关注所有孤独的年轻人、专业人士和知识分子，他们需要社交圈子，需要帮助、宽慰和精神食粮。外部的变化正是一种机会。你可以让自己走一条不同的线路去上班；也可以让自己坐下来与学生们谈谈，这些学生虽然还在高中，却梦想着大学；你还可以去关注人口特征的变化——那是外部机会的第一来源。

然后，你就可以在组织内部寻找进行变革的最重要的线索：一般来说，这种线索是那些意想不到的成功。大多数组织都认为这是理所当然的，并为此弹冠相庆，很少将此视为需要开始变革的前奏。在这方面我有一个很好的例子，不是美国的，而是印度的。在不到20年的时间里，印度从长期饥荒转变为粮食盈余。产生这种变化的一个关键因素就是，一家大型农场合作社成功地转变为一家配有助动马达的欧洲廉价自行车的销售代理商。唯一的问题就在于，这种自行车并不是农民想要的，也就不会去买。令人惊奇的是，虽然这种自行车没有打入印度市场，但其替换马达却源源不断地进入印度。每个人都说："这些愚蠢的农民，难道不知道他们需要的是自行车吗？"只有一位合作社的官员站出来问："你们要这些东西干什么？"他发现农民们把这种小型的单冲程汽油马达用做灌溉水泵的动力马达，而这种水泵以前都是手动的。使用汽油马达带动的水泵抽取必要的灌溉用水，可能正是为印度农业的巨大成功做出的一项最大贡献。

成功创新的第一要求就是将变化视为潜在的机会而非威胁。每个人都在担心"挂着钥匙的孩子"，但对美国女童子军来说，有那么多小女孩，她们的母亲外出工作，这一事实就是一个巨大的机会，导致了幼女童子军的诞生。面对变化，我们都应该问这样的问题：变化给我们带来什么样的机会？我们如何利用机会来对社会做出奉献？

第二个问题就是，在我们的组织中，应该由谁来主导变革？这是一个至关重要的问题。大多数新生事物都需要酝酿培育，应该由那些真心希望创新、想让新生事物发展壮大并且相信创新的人来领导。一切新生事物的成长都不会一帆风顺，因此需要让那些具有奉献精神并在组织中有相当地位的人来主导。

接下来需要仔细考虑的就是合适的营销战略。你究竟想要做什么？成功企业的战略是各不相同的。像宝洁这样的公司始终都有一个明确的产品战略：领先市场，主导市场。如果这种战略奏效，那么它就是成功的战略，但同时也极具风险。50年来，IBM从没有主动开发过新产品，只是作为创新的模仿者。虽然它的目标也是主导市场，但会让其他公司先进入，因为第一代产品通常并不完美。日本企业的战略也同样别具一格：利用市场领导者的缺陷、坏习惯，尤其是自大，来击败它们。

让我们来研究一下开发利基市场的可能性。一家非常成功的非营利性医疗集团没有去发展普通的社区医院，而是去调查每个社区需要什么。在这一社区可以开设一间精神病医院，在另一社区则可以开设一个一流的老年疗养中心，每一家都是专科医院。即是这样一种战略：如果你有专长，就要有所取舍，而不要什么事情都做。

常 见 错 误

创新存在着一些常见的错误。一是从创意直接跳到全面运行。请不要忽略验证创意，也不要忽略试运行阶段。如果从概念直接跳到全面运行，那么即使一些原本极小、易于更正的缺陷最终也会摧毁创新。

但是，也不要因为"大家都知道"，就不去看外部的实际情况。所谓

"大家都知道"的通常是20年前的过时情况。在政治竞选中，一开始看起来大有希望而最后失败的，通常是那些相信"大家都知道"的墨守成规的人。他们没有去设法验证它，结果则证明"这是20年前的情况"。

第二个最常见的错误是自以为是。创新者对其创新非常自得，以至于不愿意使之适应现实。有一条经典法则，就是新事物的市场使用情况与创新者实际所期待的往往大相径庭。我记得一个牧师朋友曾经说起过一项新方案："太棒了，这是一项为新婚夫妇设计的绝妙服务方案。"那个方案确实很成功，但令设计和实施方案的年轻助理牧师惊讶的是，没有一对新婚夫妇来参加，所有参加者都是住在一起、犹豫着他们是否该结婚的年轻人。资深牧师告诉我，那段时间非常恐怖，而他那才华出众的年轻助理自以为是地说，"我们不是为他们设计的"，还想把他们赶出去呢。

另一个常见的错误就是宁愿局部修补而不进行全面创新。现在通用汽车公司的困境清楚地说明局限于局部修补，除了增加新的成本，不会有任何收益。当日本企业进入美国汽车市场，美国公众纷纷转去购买日本汽车时，通用汽车公司还在做局部修补：只对现状做了一点点的改进，并对此投入了巨大的财力、人力和时间，远远超过了进行真正创新所需要的资源。几年后福特公司超越了通用公司。此前，福特公司曾研究讨论："创新需要些什么？"福特公司设计了新型汽车和新的销售方式，即使这样会极大地影响已经投资项目的收益也在所不惜。福特推出的这些款式和性能都与众不同的新车，确实可以与日本汽车一争高下。

总会面临这样的时刻：我们不得不重新审视工作要求并对工作进行重新设计，而不是说"这是我们一贯的做法，让我们再来做些局部的改善"。

这是一项关键的决策，领导者的一项至关重要的任务就是知道什么时候应该说："够了，让我们停止修修补补，那些裤子上有太多补丁了。"

不要认为只有一种正确的创新战略。每个人都需要重新思考，不要说："通过这种方式，我们已经六次成功地推出新产品了，所以那肯定是正确的方法，是我们目前的准则。"同时，如果战略不起作用，不要归罪于"愚蠢的公众"，而要认为"也许这需要不同的做法"。在实施创新战略之前，不要说："这是我们做事的方法。"而应说："让我们来找出有什么需求。哪里是市场的最佳切入点（目标市场）？谁是顾客、谁是受益者？什么是最佳的分销渠道？什么是推销产品的最佳方式？不要局限于我们已经知道的方法，而要从我们需要学习的地方出发。"

当一项战略或一次行动好像没有什么效果时，正确的处理方法是："如果第一次没成功，那么再试一次；如果还不成功，那就放弃它，去做其他事情。"第一次实施新的战略往往是不会成功的。这时，就必须坐下来冷静地思考一下：有何经验教训值得吸取？"也许当我们已经成功时，推进的力度过大了；或者我们认为已经成功了，从而放松了努力。"或者也许服务不是很到位，再来做些改进、调整或更大的努力。也许，尽管我不想鼓励这样去做，但你还是应该做出第三次努力。经过再三努力之后，如果还是不行，那么就要果断地放弃，去做能带来成果的事情。我们只有这么一点时间和资源，却有那么多的工作等着我们去做。

但也有例外。你可以看到有人在荒无人烟的地方辛苦劳作了 25 年取得了伟大成就。但是这样的人非常罕见，绝大多数坚持在荒野工作的人，最后除了皑皑白骨，什么也没有留下。也有一些有真正信仰的人，他们献身于理想，其事业或许成功、或许失败、或许最终结果和理想无关。虽然他们很少成功，但我们需要这样的人，他们是我们社会的道德良心；或许他们的回报是在天堂。但那并不确定，圣·奥古斯丁 1600 年前在给一位忙于在沙漠中到处建造教堂的信徒的信中写道："在空空的教堂之上的天堂里并没有欢乐。"所以，如果你第一次没有结果，那么再试第二次，然后进行仔细决策，考虑是否去做其他的事情。

3

定义市场：菲利普·科特勒访谈录⊖

彼得·德鲁克： 菲利普，您于 1971 年出版专著《非营利组织营销》（*Non-profit Marketing*）[现在改名为《非营利组织的战略营销》（*Strategic Marketing for Non-profit Institutions*），至今已出版了第 4 版]时，非营利组织根本就没有意识到它们必须进行市场营销，也几乎都没有接受过这样一种理念，是这样吗？

菲利普·科特勒： 是的。当时它们只对改进会计和财务工作感兴趣，也刚刚开始运用您的管理思想，但还没有意识到市场营销问题。我观察到，事实上部分组织已经在做一些营销工作，但它们没有想到应该怎样去做

⊖ 菲利普·科特勒在位于美国伊利诺伊州的西北大学凯洛格管理学院研究生院任教。他的开创性著作《非营利组织的战略营销》初版于 1971 年，至今已出版了第 4 版。

好。当时我非常强烈地感觉到营销就像企业的其他职能一样，具有通用性和普遍性，可以应用到所有的组织，所以应该更自觉地把它引入非营利性部门。

彼得·德鲁克： 从那时开始，相当多的非营利组织从理论上已经接受了营销的必要性，它们大体上能够把营销概念应用到实践中去吗？

菲利普·科特勒： 不同组织采用营销概念的程度并不一致。医院显然已经认识到营销的重要性，但大学就有些滞后。博物馆和表演艺术团体已经接受了营销的概念，但许多机构对营销仍有误解，它们把营销与推销或广告宣传混为一谈，对此并没有很好地领悟。

彼得·德鲁克： 那么，您会如何定义营销，特别是非营利组织的营销？我想我在非营利组织工作的绝大多数朋友会被您刚才所说的话弄糊涂了，即您认为他们把营销与推销或广告宣传混淆了，因为它们几乎都认为营销就是推销或广告宣传。

菲利普·科特勒： 营销最重要的任务是研究市场、细分市场、确定所服务的目标客户群体（即目标市场）、市场定位，以及提供满足客户需要的各种服务。广告宣传和推销则是后面的事情。我并没有轻视其重要性的意思，但您这几年将其重要性提得太高。您说过，营销的目的在于努力推销并非客户所必需的产品或服务，这使不少人感到震惊。

如果营销不是推销，那又是什么呢？我听说过的最简短的营销定义是：寻找并满足需求。我想补充一点：营销给买卖双方增加了有用的价值。营销和推销的差别在于：如果从所服务的客户、消费者或市场群体出发，就是营销；如果从已有的产品出发，想把它卖给所能找到的任何市场，那就是推销。

彼得·德鲁克： 我在非营利组织服务的大多数朋友都会由衷地赞同您刚才所说的营销理念。然后他们会问：我们所服务的需求难道还不够明确吗？有贫困潦倒的人，才会有去施舍救济他们的人；有在罪欲中痛苦挣扎的人，才会有去慰藉他们灵魂的人。这些人都认为自己是受到某种需求的驱动，因此他们不是十分理解为什么还要去研究客户的需求，这种观点是否片面？

菲利普·科特勒： 许多组织对其所服务的需求非常清楚，但通常他们并没有从客户角度去理解那些需求，他们所做的假设都是基于自己对客户需求的理解。以医院为例，经常争论的一个问题是：医院是治病的机构还是保健的组织？绝大多数医院都认为它们的工作是诊治病人，使之康复。您也可以认为，如果医院的真正使命是预防疾病，那样会更有意义。有许多需求的精确含义有待解释清楚，这就是我所讲的客户或消费者研究。问题的实质是：这些组织是以客户为导向的吗？

彼得·德鲁克： 您能给我举一个理解并实践营销理念的非营利组织的例子吗？它们是怎么做的？

菲利普·科特勒： 斯坦福大学从校友和其他地方筹措资金的方式可以说明这个问题。斯坦福大学在筹资过程中采取完全以市场为导向的理念，其基金发展办公室的管理人员分别负责各类校友团体的筹资活动，每个校友团体的联络方式都极为经济有效。例如，作为筹资的对象，斯坦福大学的毕业生都能收到大学直接邮寄的两封信函；捐赠25～75美元的校友会收到三四封甚至更多的致谢函；捐赠75美元以上的会接到学校的致谢电话等。基本上，所有基金发展活动都是根据细分市场的不同状况展开的，并运用了最为经济有效的营销组合方法进行募资。

彼得·德鲁克： 斯坦福大学是否通过客户调查研究来确定潜在捐赠者对学校的筹资价值？还是仅仅像绝大多数大学所说的那样：教育是件功德无量的善事，我们需要您的捐赠？

菲利普·科特勒： 这确实是许多销售导向或产品导向的组织存在的问题，它们不明白：我们有这么好的产品，为什么就没有客户来争相采购或使用呢？斯坦福大学根据实际情况开展筹资活动，没有用千篇一律的方式来向所有毕业生劝募，而是采取因人而异的方法，这样的效果就会好得多。它们通过信息反馈和市场研究掌握了最佳的基金发展策略。

彼得·德鲁克： 斯坦福大学必须招收学生，这是营销活动；必须吸引并留住一流的教师，这些教师都有其他20所一流大学争相邀请他们去任教，这也是营销活动；必须发展捐赠者来筹集资金，同样地，这也是营销活动。您认为这三种营销活动在本质上有什么不同吗？

菲利普·科特勒： 组织与公众之间是鱼水关系。大学想招收学生，想从政府或其他地方筹集研究基金，营销必须解决的问题是：如何获得我所期望的回应？营销给出的答案是：为你期望得到回应的群体做出贡献。获得回应的过程，我称为"交易思维"：为了收获，我必须付出什么？如何向对方做出贡献以获得期望的回应？营销思维的本质是互惠互利和公平交易。

彼得·德鲁克： 非营利组织要差异化，这种营销思维有何作用？斯坦福大学可能有200所大学与之竞争，一家地方医院在当地可能有三家医院与其争夺市场，差异化有何意义？如何差异化？

菲利普·科特勒： 如今大家认为营销是一个进行市场细分（segmenting）、

确定目标市场（targeting）和进行市场定位（positioning）的过程——我称为"STP营销"。与之相对的是"LGD营销"——午餐（lunch）、高尔夫球（golf）和晚宴（dinner）套路的交际营销。这种营销方式可能有其用武之地，但与进行适宜的市场细分、确定正确的目标市场和市场定位的STP营销是不一样的。

进行市场定位需要解决这些问题：如何进入我们感兴趣的市场？怎样在某些方面出类拔萃？你不可能什么都做并满足所有客户。因此，绝大多数组织都竭力寻求其独特之处，即我们所谓的竞争优势。通过悉心培养专长来建立竞争优势，并用到所服务的市场中去。让我举例说明。医院可以向病人提供常规服务，但这与其他医院并没有什么差别。我所见过的医院做法是确定社区居民还没有被满足的需求，例如，可能还没有推出体育医疗服务项目，也还没有开设烧伤科等。如果这些医院的管理者精明能干，就能推算出其中哪些有强烈的需求，哪些它们能做得很好。通过满足这些需求，医院实际上就等于为自己建立起强大的声誉，也形成了独特之处。必须以这样一种方式获取差异化，不然客户就没有理由一定要选择你所提供的服务。

彼得·德鲁克： 所以，非营利组织首先要做的就是确立其所服务的市场和公众，对诸如"向谁推销产品"以及"什么是你的专长"之类的问题必须深思熟虑，并在与客户交流沟通之前予以明确。对吗？

菲利普·科特勒： 对，您刚才所说的确实是一个困扰教堂的问题，就让我们以教堂为例来加以阐述。一方面，教堂应该积极主动地向有皈依倾向的人效力，因此教堂所服务的对象是形形色色的；另一方面，营销理念建议，教堂如果能确定所服务的目标群体，不论是单身人士、离异男女、同性恋者还是其他人员，成功的可能性就会更大。有关多元化的一个相当有趣的事实是：绝大多数客户都只喜欢和同类相处。

还有一个我称为"市场协调"的问题。如何协调好多元化的目标群体，从而使组织能够成功地运作？这也要求设法确定市场。我们无法为所有的普通大众提供服务，但也并非仅仅局限于某一群体。教堂需要明确一个或几个有特定需求的目标群体。

彼得·德鲁克： 因此，虽然组织使命可以是普遍适用的，但要成功运作，组织必须对其战略进行深思熟虑，把营销和服务的对象集中在主要的目标群体上。筹集基金也同样如此，是不是？

菲利普·科特勒： 筹集基金需要仔细确定合适的基金来源和捐赠的动机。捐赠者为何要捐款？捐赠者捐款的对象是谁？因此，我要重申的是，在确定营销方向的过程中，消费者研究是非常重要的。

彼得·德鲁克： 那么组织对定位必须做些什么调整，并且能为其目标市场做些什么？例如，教堂的主要服务群体是老年人，但老年人对教堂的要求和单身人士有很大的不同，因此教堂必须调整服务方案来更好地满足主要潜在客户的需求。

菲利普·科特勒： 教堂可以为不同的目标群体设计不同的服务方案和配备不同的牧师，例如，教堂可以把上午分成两个时段，为不同的群体分别设计相应的服务方案。我想，解决方案也许是为它们分别派遣不同的领导者和牧师来提供相应的服务。

彼得·德鲁克： 但您似乎不相信有一种称为"邻里小店"的非常适合非营利组织的市场服务方式？

菲利普·科特勒： 应称为"利基市场"！我认为某些组织在服务市场过程

中应该集中于某一特殊领域而非面向大众市场。以剧团为例，芝加哥市有 120 多个表演艺术剧团，其中一些剧团就专注于某一类的表演艺术。例如，某家剧团只演莎士比亚的戏剧，另一家只演一般性的经典剧作，还有一家只演近 10 年创作的剧本。问题是，你是想很好地满足少数观众的专业性品位，还是想泛泛地敷衍大量普通观众的一般性需求？

彼得·德鲁克：您知道，我参与了很多博物馆方面的工作，我认为真正成功的博物馆都有极强的专业性。19 世纪的大众化博物馆，其中纽约大都会博物馆至今仍是美国博物馆的典型，但正趋于落伍，已经没有什么真正的顾客了。博物馆可以非常专业化。我们有一个相当不错的洛杉矶美洲印第安人博物馆，它就是非常专业化的。我认为非营利组织有越来越专业化的倾向，甚至医院也同样如此，社区医院正被专业化的小型医院所取代，比如独立的外科诊所和专科医院等。我认为我们对非营利组织与对企业一样，都有产品或服务的差异化需求。

菲利普·科特勒：我非常赞同您的观点，这确实是困扰 19 世纪式组织⊖的大问题。这类组织需要拆分吗？通用汽车公司需要把自己分解成五个不同的公司吗？这些庞然大物都明白自己面临严重的营销难题。芝加哥艺术学院解决这一问题的方法是：根据不同的艺术形式组建相应的忠实捐助者和支持者团体。例如，他们成立了一个现代艺术团体，每个月聚会一次，每次都请人演讲或讨论现代艺术的某些最新进展；另外他们还组织了一个研究古希腊和罗马的团体。大型博物馆也同样可以组建各类兴趣团体，您知道，小即是美。因此，您是如何帮助组织去解决那些像大

⊖ 指服务大众市场的组织。——译者注

型博物馆那样规模过于庞大而导致的无法有效管理的问题？

彼得·德鲁克： 我认为有相当数量的组织存在这个问题，天主教会和犹太教堂都存在这一问题。因此，我在宗教组织服务的很多朋友一方面不得不通过确定目标群体来把握市场，另一方面又竭力避免拆解组织。我认为这个问题在大学是截然不同的情况。在高等院校中，营销工作做得好的机构是正统派基督教学院，因为其规模一般都不大，也就不会什么都想做，而只是做非常专业的事情；另外，研究型大学在这方面也做得非常好。但那些曾经在五六十个领域中做得相当出色的综合性大学，正开始在公众的心目中丧失特色。这也解释了为什么15年前当生源开始萎缩，大家都认为人文学院将陷入严重困境时，它们依然做得非常出色。原因并不在于规模大小，要知道2500名学生的规模已经不算小了，但学生能在此各得其所，并有其鲜明的特色。而明尼苏达大学或加州大学洛杉矶分校的特色则很难说清楚。我认为在非营利性部门可以看到许许多多没有采用利基市场的营销策略，但有清晰的产品特色，就像您在企业中所说的那样的成功案例。在很大程度上，市场决定组织及其产品的特色。

为什么非营利组织必须重视并从事营销活动？是否必须明确其确实已经满足了市场的需求？能满足客户的未来需求吗？是否需要知道应该把资源能力集中到什么服务上？非营利组织进行市场营销的真正原因是什么？

菲利普·科特勒： 随着组织间竞争的形成和加剧，市场营销应运而生。在此之前，组织从来没有面临过这样一种形势。在日子过得悠然自得的时候，绝大多数组织对营销不感兴趣，突然之间它们发觉自己对客户其实并没有很深的了解：信徒不再到这间教堂礼拜，或者学生没有来这所学院注册，或者病人不去那家医院看病。直到这时，这些组织才意识到严峻的竞争形势。

如何应对竞争形势？早期，一些医院的对策是祈求这个世界不要发生变化，以便让它们能够生存下去。现在，虽然还是可以去做祷告，但解决不了问题。能够实际解决问题的是：在竞争形势下有一种可称为营销的方法可以帮助我们理解，为何客户在开始时选择我们，后来又不选择了。

彼得·德鲁克：菲利普，祷告并不能代替正确的行动，这是一个经典的神学原则，也是您刚才告诉我们的意思。我的问题是，在非营利组织中应该由谁来做实际的营销工作呢？

菲利普·科特勒：营销工作的主要执行者当然应该是首席执行官。如果一个组织的领导者对营销不感兴趣、不理解，不愿把营销的基本原理和知识传授给组织成员和其他相关人员，那么营销工作在组织中就不会有什么地位和作用。然而，首席执行官不能亲自去做营销工作，必须授权有营销专长的人员来负责营销工作。大多数组织都任命了营销总监或营销副总裁，您能在医院中看到这两种职位。当然，两者之间还是有区别的：一般认为营销总监是具体执行者，而非营销政策的制定者。这就是为什么我赞成设立营销副总裁职位的原因，因为在规划组织的愿景蓝图时，营销副总裁是可以和所有其他高层管理人员坐在一起共同商讨的。

彼得·德鲁克：在非营利组织中，比如基督教堂、犹太教堂、医院和大专院校，我们如何来确定营销的真实作用？

菲利普·科特勒：一般认为营销是做如下工作的：为组织构建我所定义的

思想和心灵的共同体。在任何时候，目标客户都会对组织或机构有一定程度的认识和好感，而有效的营销活动能够提高这一认识，并强化目标客户对组织的忠诚度或两者之间的密切关系。因此，测评营销作用的一种方法是去观察是否有更多的人了解我们的教堂，喜欢我们的教堂，或者假如没有开展营销工作，又会是什么状况。但营销的成本可不低，对必须要做的营销工作应该编制相应的预算。如果没有设立目标，测评营销的作用是很困难的。如果某家机构说：现在所有目标客户中认识我们的达到30%，这其中有80%喜欢我们，我们计划把这个比例从80%提高到90%，这就是可以测评的，可以通过营销研究进行测评的。因此，要了解营销是否发挥作用的关键是设定明确的目标，然后看营销是否帮助组织实现了这些目标。

彼得·德鲁克：目标是否越明确越好？

菲利普·科特勒：完全如此。医院使用预算资金进行广告宣传后就会出现这个问题。医院花了大笔资金向社区进行广告宣传，它们是一家亲切友善的医院，是一家无微不至地关爱病人的医院，等等不一而足。但他们现在怀疑这些广告是否确实使医院在社区居民的心目中树起了独特的形象，并让居民对医院产生偏爱。高层管理者对结果感到困惑不解：他们并没有看到净收益有什么明显的增加。

我的分析是医院经常会误用预算资金。在医院还没有形成特色和没有真正确定目标群体之前就进行大量的广告宣传，这没有遵循正确的市场营销程序。正确的营销程序应该是：第一步，开展客户调查研究，以了解计划服务的市场及其需求；第二步，进行市场细分，弄清准备与之互动的不同目标群体；第三步，制定方针政策、行动策略和服务方案来满足这些目标群体的需求；第四步，向目标群体宣传这些服务方案。很多医院和其他非营利组织还没有完成前三个步骤就直接进行广告宣传，那是本末倒置的做法。

彼得·德鲁克：谈到医院，我知道有太多的医院不愿把可能出现的可怕结果告诉病人，市场研究则显示病人希望知道这种结果，比如来做髋关节置换手术的病人中有多少人在6个月后能够正常走路。由于并非每个人在手术后都能行走自如，那么假如我们说98%能正常行走，则意味着还有2%不能走路。然后我们却顾左右而言他："我们爱您。"但面临重大手术的病人所担心的并非什么爱不爱之类的问题。您刚才所谈的是在广告宣传之前先要了解什么是客户认为真正有价值的和重要的，而不是宣传你认为对客户是重要的东西。这是有效营销的关键所在。

菲利普·科特勒：是的。我经常讲，没有或基本还没有建立营销系统的非营利组织，如果下定决心要来建立的话，可能要用5～10年的时间。可您知道，许多组织在刚建立一两年之后就不再努力了，特别是如果早期的效果非常好的话，它们就会认为已经大功告成了。我们说需要花5～10年的时间，是因为营销不只是一个职能部门的事情，而是整个组织内每一个人的事情，因为每个组织成员都是在追求一个共同目标，即满足客户、服务客户。因此，除了营销部门之外，还要使博物馆的其他每个部门和主任也理解营销，使门卫和清洁工以及保安也理解营销——这是一项艰巨的工作，需要持之以恒的长期努力。

彼得·德鲁克：您刚才谈到组织营销是每个人的事情，组织的每个人当然都和客户有关。因此，您所谈的营销不仅是一个部门的职能——虽然有明确的分工——您也谈到了一个基本责任问题。在谈及非营利组织的营销问题时，您讲了组织需要进行明确的市场定位，并通过长期的努力来实现基本目标，以及为此采取的基本行动。

菲利普·科特勒： 确实如此。只有当组织非常明确其希望实现的愿景目标，并能够激励组织的每个成员认同这一目标并理解其价值，只有当组织采取经济有效和方向正确的行动步骤来落实愿景目标时，非营利组织的营销工作才会达到效果。

彼得·德鲁克： 因此，您是否认同这样一种理念：营销是一项使客户的需求（needs）、愿望（wants）和价值（values）与供应商（组织本身）的产品、价值和行为达成一致的工作？

菲利普·科特勒： 营销是把外部世界的需求和愿望与组织的意图、资源和目标协调一致的一种方法。

4

构建捐赠群体：达德利·哈夫纳访谈录[一]

彼得·德鲁克： 我们过去所讲的基金筹集，现在则称为"基金发展"。达德利，这是纯粹的修辞问题吗？

达德利·哈夫纳： 对某些组织来说，这可能是纯粹的修辞问题，但对其他一些组织而言，则有着深刻内涵。这些组织认识到其成长和发展的真正潜力来源于捐赠者，捐赠者是组织予以精心培育和激励的，并想把他们请来共同参与组织的发展，而非仅仅向他们筹集当年所需的资金。

彼得·德鲁克： 这一理念是只适用于像您这样的全国性组织，还是也适用于联合劝募协会以及地方性教堂和医院等组织？

[一] 达德利·哈夫纳是美国心脏协会（AHA）的执行副总裁和首席执行官。

达德利·哈夫纳：这适用于所有非营利组织。帮助组织发展的一项措施是建立一个广泛、健全和坚定的社会支持基础，而捐赠团体就是发展这一支持基础的一个方面。组织需要这些支持者。

彼得·德鲁克：而且当建立起捐赠基础后，筹资成本必定会大幅降低，组织就不必每年都花高额费用去筹集基金，对吗？

达德利·哈夫纳：对。和捐赠者建立长期关系并促使他们加强对组织的支持，这样一种理念对组织的建设是极为有效的。从效果来看，也是很有意义的。因为非营利组织要取得真正意义上的成功，必须要有很多人来关心其发展策略，需要捐赠者参与组织的建设发展。

彼得·德鲁克：您用什么方法来管理1600个地方性组织？这些组织是筹资的最主要来源，对吗？

达德利·哈夫纳：90%的基金来自社区一级的地方性组织，你首先要做的就是使捐赠者了解组织的性质和目标，这样他们才能认同组织的发展目标。

彼得·德鲁克：达德利，为此您必须确立一个非常清晰的使命，是不是？

达德利·哈夫纳：组织必须确立非常清晰的使命和目标。我们的目标与使命有直接的联系。我们的使命是预防由心血管疾病和中风所引起的早夭和伤残，与使命相关的目标则是我们所劝止的吸烟或使用烟草制品或不首先使用烟草制品的人数、改变饮食习惯的人数，以及我们所资助的生物医药研究项目。这些目标都和社区的利益休戚相关。

彼得·德鲁克：假设您现在来劝我募捐，在我同意之前，您准备如何来说服我呢？

达德利·哈夫纳：我们会通过介绍实际情况来寻求您的支持。详细阐述挑战的严峻性、迎接挑战的建议对策、战胜挑战的可能性，以及您的倾力支持的重要性。为了激励您，我们可能会用一整年的时间给您邮寄一系列的材料来阐述上述情况。如果我们对您进行实践培养，可能会请您来参与一些我们组织的活动。

彼得·德鲁克：例如在我附近地区登门劝募？

达德利·哈夫纳：对，或者帮助我们进行血压问卷调查，把您培养成为一名捐赠者，让您有机会在我们所追求的事业中做出贡献。

彼得·德鲁克：因此您制定了一些基本目标，首先必须使人们开始捐赠；然后设置长期目标来把捐赠者转变为组织成员。当然，这需要根据他们奉献承诺的大小，需要根据其成为关注组织成功的内部成员而非仅仅是局外捐赠者的意愿。

达德利·哈夫纳：发展意味着要与捐赠者一起成长，提高其对组织使命的认识，充分肯定他们对组织成果的贡献。这需要进行长期的战略努力，而非在短期加大集中募捐力度就可以做到。

彼得·德鲁克：我曾听说过美国心脏协会或癌症协会的日子过得轻松自在，因为其捐赠者十分慷慨大方，而我们这些国际性组织或大学则无法真正引起捐赠者的兴趣。是这样吗？

达德利·哈夫纳：非营利性的医疗保健团体则是这样评价学术团体和大专院校的：我们希望能够像它们那样得到大型机构基金捐赠团体的鼎力资助，我们获得的大多数捐助不过区区 5 美元而已。我们都有特定的利益团体，我们的挑战都是去扩展这些利益团体。

彼得·德鲁克：我觉得您谈到了一个最重要的问题，我真希望更多的人来听听：组织必须考虑清楚谁是真正重要的捐赠者。

达德利·哈夫纳： 完全正确。然后就要向他们进行强有力的、直截了当的呼吁。

彼得·德鲁克： 达德利，我非常奇怪在美国居然没有多少人理解您刚才所谈问题的重要性和独特性。我的欧洲朋友总会谈论美国税率是如何之低。我告诉他们：你们错了，因为我们美国人自愿地奉献出国民生产总值（GNP）的10%来做在欧洲要么根本没有去做的事情——就像您所从事的工作，要么由政府来做的事情，而个人对政府把钱花在什么地方完全无权说三道四。这一点是公众所不清楚的，您认同我的意见吗？

达德利·哈夫纳： 我完全认同。关于这个问题我个人认为有两点是非常重要的：第一点，诸如美国心脏协会、救世军或女童子军之类的组织活动使人们能够参与公益事业，并成为重要的支持力量；第二点，我认为这些美国非营利组织的独特之处在于慈善捐赠已成为如同自由民主的国家中集会自由、选举自由或出版自由一样重要的力量，这是我们表达意愿的另外一种极其有力的方式。有些人在纳税时可能并没有想到这是在参与支持社会福利事业，但如果他们参与了救世军或护士上门服务的活动，他们在物质和精神上都会有种切实参与其中的感受。这就是一种差别。

彼得·德鲁克： 我们刚才愉快地谈论了志愿者精神，而没有说明我们的意图。现在回过头来讨论下一个有关创建非营利组织支持者团体的问题，比如说您所在的美国心脏协会的捐赠团体，或地方性的教堂、医院，或男女童子军组织，或任何全国性组织的捐赠团体，您会向他们提供什么宣传材料？比如有个人来动员我："您愿意帮我们向您的邻居筹集资金吗？这是募捐用的资料。"您会给这个人什么资料？您如何来解决这些问题？

达德利·哈夫纳：我们设计了用来领导地方成员的统一组织结构，准备好详尽的工作描述，再制定帮助地方组织确定当前和未来一年目标的一整套方法，然后制作一系列材料来支持基金筹集的每一个环节。

我们是在分析各种类型的捐赠团体之后再来制作这些材料的。通过市场研究来了解各类捐赠者的偏好，比如年龄在 50 多岁和有一定收入水平的家庭与 30 多岁和不同收入水平的家庭的不同偏好。通过分析价值观和理想抱负之类的信息，我们就能制定各种材料来以不同的方式向捐赠者传递同样的劝募信息，从而引起各方的注意。

彼得·德鲁克：您刚才谈到的两点给我留下了深刻的印象。第一点是您所讲的市场研究。您先对市场进行了广泛而深入的研究，然后把您要传递的信息集中于营销中所讲的潜在客户价值上；第二点是您为营销活动设置了非常明确的目标。您就是用这些营销活动来向潜在投资者和那些具有奉献精神的人来推销美国心脏协会，哪怕他们在刚开始的时候只是为了打发上门来募资的人而做一点象征性的捐助。我碰到过很多人这样对我说："快告诉我您想要多少钱，我正在看电视呢。"我这是实话实说。但第二年这个人就经常向我提起："您留下的材料非常有趣。"于是我就趁热打铁："去年您捐了 10 美元，今年可否再捐 25 美元？"在半数情况下我能如愿以偿。

达德利·哈夫纳：德鲁克，您是个优秀的劝募者，您善于和捐赠者打交道，而这是成功筹资所必需的。每位捐赠者都是非常重要的。您挨家挨户地敲门筹资，而捐赠者为了看电视，开始时可能仅用区区 1 美元来打发您，但一个组织所关注的是未来能够保持充足的财源，因此第二年还会去动员捐赠者再捐 2 美元、5 美元或 10 美元。这当然要根据捐赠者的具体情况来决定。

彼得·德鲁克： 但您知道，作为登门劝募者，让我受益最大的并不是您所说的，而是另一家组织所说的："如果星期天下午正在热播职业足球赛，就不要去敲门筹资。您是不能让他们停下正看得投入的电视来捐赠 2 美元的。"我发现其所言非虚。在四处筹资的实践过程中，我对因筹资能力和方法的不同而导致的迥异效果留下了深刻的印象。比如说在贵组织得到慷慨相助，但由于我不能圆满解答另一组织所提的问题，就只能争取到微薄的赞助；又如您能把一线的劝募者训练得能说会道，从而使组织资金充裕，而我只能笨嘴拙舌恳求："您知道有多少婴儿正濒临死亡吗？请发发慈悲吧！"如果昨天电视上或报纸头版头条正巧播放或报道过诸如此类的悲惨故事，也许能让捐赠者掏出钱来，不然就只能空手而归。

达德利·哈夫纳： 就组织的长期发展而言，募捐必须在以理服人的同时还要以情动人。在设计营销活动方案时，必须考虑到潜在捐赠者是将登门劝募者当作推销员的。如果是为疾病之类的公益事业进行劝募，我们应该把劝募看作是一次教育潜在捐赠者能为他们自己做点事情的机会，同时也能为人类崇高的使命、社会共同关注的问题奉献点什么。如果不能通过募捐活动来教育潜在捐赠者，您就无法抓住这一极好的机会来构建组织的长期发展战略。

彼得·德鲁克： 尽管筹资的竞争非常激烈——每天都有 3～5 批人来劝募，但您为实现组织使命而筹集到的资金额一直都在增加，或者至少保持稳定，是这样的吗？

达德利·哈夫纳： 我们的基金发展速度远远超过通货膨胀率。德鲁克，请让我来谈谈这一领域的竞争问题。我认为，不论是美国心脏协会还是美国肺脏协会（ALA），这一类的非营利性医疗保健组织都不能制定损人利己的战略。因此，我们所做的是开拓新的财源，而非彼此互相拆台、挖墙脚。我们所努力追求的是促进此类非营利组织的长期健康的发展。

彼得·德鲁克： 您刚才的说法是我以前从来没有听到过的，令我印象深刻。这和一直以来我所听到的说法几乎截然相反。我听到过大专院校、教堂、医院或全国性组织都是这样说的："希望你只捐给我们，而不要捐助其他组织。"不过，还是让我们回到开始时谈过而后没有继续下去的话题——你们的市场研究问题，请你再讲讲好吗？

达德利·哈夫纳： 我们之所以做市场研究，是因为我们觉得我们肩负着250万志愿者代表的重任。因此，我们尽可能给他们提供最好的宣传材料，提供所有我们认为有用的帮助和支持。

彼得·德鲁克： 哪些市场知识是有用的？

达德利·哈夫纳： 客户以前的哪些生活经验会引起积极的回应？有何良策让他们认为这是一家独特的组织？必须首先把下列信息整理出来：客户购买什么商品，休闲时如何消遣，以及支持哪些慈善团体和志愿者组织等。这些信息能使我们更加有效地制作营销材料来寻求客户支持，使我们的志愿者在采取行动时能更具针对性。

彼得·德鲁克： 每年秋天我都会收到一家本地组织寄来的营销册子，直截了当地载明收入水平和相应的捐助金额。我总怀疑这样做会不会有效果。

达德利·哈夫纳： 我们发现，提出明确的捐赠金额要求能卓有成效地改善劝募活动的收益状况。我想说明的是，在同样的努力下，年度劝募活动中提出明确的捐赠额度要求的组织收入比没有明确提出的要增加25%。

彼得·德鲁克：如此看来是我错了。

达德利·哈夫纳：我来解释一下我个人的看法。如果把劝募金额设置得略高一些，人们一般是不以为忤，反以为荣的。如果劝募的金额低于其心目中的标准，捐赠者就会自动按其心理尺度来提高捐赠额度，因此可以参照这一标准设置捐赠额度。一旦按建议的额度要求捐赠，捐赠者就会被纳入某一捐赠等级，而非营利组织应特别注意捐赠等级，据此来制定逐步提高捐赠级别的长期战略。

彼得·德鲁克：怎么做？把实际捐助额度高于建议水平的捐赠者挑选出来，作为以后劝募的首要机会目标？

达德利·哈夫纳：这是其中一点，另外你还要设法逐年提高这些人劝募的额度。我讲的不是冒失地提高额度，而是要逐步提高，要讲究策略。我曾经参与过一些地方性的募捐活动，我们对当地人了解不多，因此主观地设置了一定的额度标准，结果我们还是如愿获得了预期的捐赠数额。

彼得·德鲁克：你是否通过提供更多的信息来挑选出这些人？你是如何建立和他们的这种关系的？

达德利·哈夫纳：可以通过跟踪联系来对这些人分门别类：比如可以写个性化的感谢信，也可以邀请他们参加特定的活动，还可以呈送年度报告，向他们说明你计划用他们所捐的钱做什么事情，或者这些钱发挥了什么作用等。

彼得·德鲁克：重点还是万变不离其宗：提高收益大的潜在捐赠者基数。

达德利·哈夫纳：非常正确。

彼得·德鲁克：因此贵组织的市场研究力求完成两个任务，用营销术语来说就是：市场细分和市场期望值的确定。贵组织的市场细分详尽明确吗？

达德利·哈夫纳：通过研究，我们把市场划分成了 41 个不同的细分市场。

彼得·德鲁克：试举两例来加以说明？

达德利·哈夫纳：对年收入 4 万美元的 50 岁左右的客户和年收入 2.5 万美元的家有孩子的 30 岁左右的客户，要用不同的劝募方式。

彼得·德鲁克：什么社会群体不是您的客户？

达德利·哈夫纳：对心脏协会来说，我觉得不存在这样的社会群体。假如您是一位基金筹集者，对有些群体您可能不愿意花过多的时间，因为捐赠基数不会有太大的增长。但我想讲的是：这不仅仅是为组织筹集资金的问题，这也是个教育机会，是个让人参与到我们的事业中来的机会。即使只能筹得 25 美分或 1 美元，还是值得一试的。

然而，不能基于这种理念来制定长期的发展战略和收入战略，而必须通过培养大额捐赠者并提高其认识的方式来制定。

彼得·德鲁克：对，筹集资金必须找到大额的财源，这一点是非常重要的。但您也将基金发展看作一项教育活动，不仅要筹集资金，而且还要强化美国心脏协会的目标。

达德利·哈夫纳：完全正确，这是进行广泛的年度劝募活动的部分原因。必须制定基金发展战略并明确各种战略期望的结果和回报，然后据此来测评战略是否成功。针对大额捐赠者，制定相应的战略和期望值，而对于小额捐赠者，要制定另外的战略和期望值。

彼得·德鲁克：您知道，"战略"是当前十分流行的词语，可什么是您所讲的"战略"的精确含义？

达德利·哈夫纳：对我而言，战略就是如何运用我们的资源来引起个体的重视，并让个体去做我们希望他去做的事情。

彼得·德鲁克： 战略最后总是关注个体吗？

达德利·哈夫纳： 总是关注个体。

彼得·德鲁克： 我来总结一下：您根据年龄和收入把目标群体划分为41个细分市场，可能还可以划分成城市、郊区或乡村市场。您是如何来制定您所说的"战略"的？

达德利·哈夫纳： 如果我们去向50岁左右的客户游说劝募，由于这是一个心脏发病率较高的年龄段，因此我们就向他们传授如何来降低发生心脏病的危险，并说明心脏病研究或教育如何能够产生立竿见影的效果，因为这些是他们关心的问题。所以，战略就是要提供一些与此相关的真正能够触动他们的材料，同时还要能让他们捐钱出来。

彼得·德鲁克： 在去筹资之前您会向基金筹集者，即当地的志愿者提供一些关于潜在捐赠者的什么信息？还是仅仅告诉他们，如果对方是50岁的男性，请用A战略；如果是25岁的女性，你就用B战略？

达德利·哈夫纳： 我们会根据筹资者居住的地区来制作相应的材料。现在我们已收集到许多非常精确的数据，能指着美国任何社区说，"在社区的这一部分，这些材料是那里的居民最感兴趣的"。当然这是一般而言，也有例外的情况存在。先把宣传材料整理好，然后让该地区的志愿者带着材料挨家挨户去拜访当地居民，这样做的效果是很好的。

我希望未来的非营利组织不再沿用传统的组织方式，即根据特定的赠品和活动项目来进行组织，而是以价值群体的形式进行组织。使每个价值群体成为一个特定的市场，有其自成一体的材料、战略和支持系统。构成价值群体的主要因素当然还是年龄和收入。除此之外，也还有很多其他因素，但我个人认为，对大多数非营利组织的日常运行来说，其他因素对划分价值群体的作用不是很大。

彼得·德鲁克： 如果让您来确定对组织基金发展和筹集非常重要的一两个因素，不论是全国性组织还是地方性组织，或者不论是像贵协会这样的大型组织还是收容受虐妇女的地区庇护所，您会选择什么因素？

达德利·哈夫纳： 我会选择关心、善待和培育捐赠者，这是最重要的因素；其次是请求捐赠者根据个人能力给予捐助。这两个因素是组织长期稳定发展的动力，也给组织奠定了广泛的支持基础，因此我认为这两项是最重要的因素。

彼得·德鲁克： 您不认为争取潜在捐赠者也同样重要吗？

达德利·哈夫纳： 获取捐赠者是非常非常重要的，但我经常失望地发现，一些组织虽然在争取捐赠者方面做了大量的投入，但没有继续培育他们，因而最初的投资也就从来都没有真正充分地发挥应有的作用。

彼得·德鲁克： 那么，请让我来归纳一下中心思想。您告诉我们最重要的是清楚地阐明使命和详尽而非空泛地认识市场的重要性；然后通过提供各种工具或材料使志愿者能够进行有效的工作，确保他们成功完成工作任务；最后，我听到您明确地阐述了在筹资过程中，不要仅仅以理服人或以情动人，筹资必须基于非常理性的事实，同时还要唤起我们对同胞的责任感。

达德利·哈夫纳： 假如您要制订长期的战略发展计划，必须两者兼顾。

彼得·德鲁克： 达德利，我们至今还没有展开讨论志愿者的问题，您确实需要志愿者吗？今天能用电脑和电视机来替代志愿者吗？我看到很多非营利组织还在用电话营销的方式来筹集基金。

达德利·哈夫纳： 我很乐意讨论一下这个问题。因为我认为许多组织可能正面临一场未来的危机，希望他们能够意识到这一点。对于您的问题：下一年我们是否还需志愿者来筹集资金？技术的进步已经给我们提供了各种筹资的途径，我们可以通过电脑网络、邮寄信函或电话营销等方法来有效地募集资金，似乎用不着志愿者亲自登门拜访了。但这是完全错误的，因为如果这样去筹集资金，你不仅会失去捐赠团体，也会失去志愿者，还会失去增强和发展组织的机会。我宁愿把技术看成是一种帮助志愿者更有效地开展工作的方式，而不把它视为替代志愿者的一种工具。因此我认为，任何组织如果觉得无须志愿者参与，只需利用各种先进的技术手段就能更容易地筹集到资金，将是一个致命的错误。

彼得·德鲁克： 让我再来总结一下。我认为刚才您讲的令我感触最深的是基金发展的实质是人的发展，无论是在您谈到捐赠者还是志愿者时都是如此。您是在构建一个团体、一种理解和支持，您是在构建满意度、一种人类发展的满意度。这是一种创建支持基础来做好工作的方式，而且也是一种用工作来丰富社区和每个参与者生活的方式。这一战略基于清晰的使命，基于有关满足志愿者和捐赠者需求的广泛而详尽的市场知识，并且还基于对工作成果的反馈信息。我认为这种反馈对相当多的非营利组织来说是非常薄弱的，几乎从来都听不到非营利组织的工作成果究竟如何的反馈。我认为您刚才谈到的战略对地方性小型组织可能显得尤为重要。这是因为，在本地你会有很多彼此相当熟悉的人，但在很多时候会迷失方向，你有这种需求，但不知该从何下手。我希望您告诉我们的这些理念和方法能广为传播并能付诸实践，特别是地方性组织，虽然其需求是如此强烈，但理念还不够完美。

5

小结：实践原则

战略将非营利组织的使命和目标转化为实际的成果。尽管战略非常重要，非营利组织却往往不太重视。大多数非营利组织显然都在满足一种需求，而且非常清楚有这种需求的每一个人都希望得到其所提供的服务。关键问题是，很多非营利组织的管理者把战略和推销混为一谈。战略止于推销，但始于了解市场——谁是客户，谁应该是客户，谁可能是客户。战略的实质是不要把受惠者看成是接受施舍的人，不要认为非营利组织是在向他们行善，而应该把他们看作必须被满足的客户。非营利组织需要营销战略来把客户和使命整合起来。

成功的非营利组织也需要持续改进和创新的战略，两者是相互重叠的。没有什么人能够清楚地分辨别出改进战略止于何处，创新战略又始于何处。

弗朗西斯·赫塞尔宾和女童子军推出为5岁女孩提供的新方案——幼女童子军。就某方面而言，这只是一种传统的女童子军形式，但从另外的角度来看，则是一种巨大的创新。

然后，非营利组织还需要制定构建捐赠者基础的战略，需要发展捐赠团体。通常要制定三项战略：需要先进行反复的研究；需要系统地确定这样一些问题：谁是客户？什么是对客户有价值的？客户是如何进行购买的？不能从现有的产品出发，而应该从终端客户开始研究。

最重要的研究对象是潜在客户，比如那些没有上教堂的信徒。企业一般都会研究潜在客户，以便尽可能多地了解他们。即使你是市场老大，非客户人数也总是会超过现有的客户人数。对非营利组织而言，了解潜在客户是最重要的。潜在客户是那些确实需要某种服务，并渴望得到这种服务，但目前还没有成为被服务对象的客户。一般的大学或学院，在过去20年生源都相当充足，但现在却不得不接受这样一个现实：它们必须向高中的辅导员、学生及其家长进行宣传促销。尽管生源锐减，那些能够有效进行宣传促销的大专院校的申请者还是超过了其录取人数。

你可以想象，人们一般会热切地期待那些帮助他们预防或治愈心脏病的服务项目。确实如此，但还要适合他们的具体情况，比如年龄和体重状况，他们最清楚自己的生活和健康状况。

在与捐赠者打交道时，非营利组织的管理者非常有必要理解战略的重要性。

一般的非营利组织仅仅是告诉捐赠者："我们需要您的帮助。"但那些能够取得有效成果的组织，即那些能够有效地吸引和建立基金群体的非营利组织则会说："这是您需要的；这些是通过您的帮助取得的成果；这是我们为您做的事情。"他们把捐赠者当作客户。要制定有效的战略必须先了解对方。即使是在数千年前刚形成军事战略知识时，制定战略也是要先了解敌方，而非先了解己方。

非营利组织战略（和军事战略一样）的下一步工作是人员培训。医院的每位员工必须以病人为中心，这需要进行扎扎实实的培训工作，而非仅仅停留在口头宣传上。这不仅仅是个服务态度问题，而是需要付诸实际行动。事实上我们都知道，服务态度培训的效果其实并不理想。培训员工是要让他们明白做事的方法：你应该如何来做具体的工作。经过这种特定的实践培训，即使是远离客户的医院职工，比如结算中心的职工和门卫等，也能在实际工作中设法满足诸如医生和病人这样一些客户的需要。

在非营利组织的管理工作中，不仅要对员工进行培训，对志愿者进行培训也许更为重要，特别是在志愿者作为联系组织与客户或公众的中间桥梁时更是如此。

在推广新的服务方案或进行创新时，非营利组织需要对战略进行全面考虑和规划：从哪里开始？由谁来推行？应该让希望新方案或创新成功的人来推行，而不要在一开始就让组织的每个成员都来推行，如果这样做，势必会陷入困境。

既要在外部寻找机会目标，也要在组织内寻找这样一种人：希望创新、对创新充满信心并且愿意为创新的推进付出努力。创新战略需要在开始阶段就对整个过程进行全面考虑，这样才能找到愿意竭尽全力来促成创新的人，才能通过示范其成功的经验，在组织内推广创新。

最糟糕的战略是，在开始推广某项服务方案时就进行大肆宣扬，并热切地期望该方案能够改变整个世界，然而在5年之后不得不承认："做得不错,但改变不了整个世界。"这就是失败,就是资源的浪费。

了解客户也能使非营利组织——不管是基督教堂、犹太教会、童子军、医院还是学院,明确什么是可以预期的结果。确定目标和了解确实能够奏效的战略是很重要的。我们计划做些什么?这所学院正在努力争取充足的高素质生源,从而保证其教学规模和质量。然后还要获取有关结果的反馈信息来进行这样的评价:"我们在这方面做得非常出色,但在那方面还不太理想,所以我们还需加把劲。"或者可以认为:"我们需要一位强有力的人来领导。"或者可以说:"我们有必要改进教学质量,使我们能够招收到我们需要的那种学生。"

战略也要求非营利组织进行自我调整,放弃那些不再有效的措施、方案和服务。如果没有合适的牧师来管理,也无法保证服务质量的话,教堂就应该撤销针对单身人士的服务项目。美国心脏协会不应该把垂暮老人当作潜在捐赠者,因为在75～80岁老年人的死亡原因中,心脏病并不是最主要的。这些都是需要舍弃的,如果不能及时放弃,组织的负担就会过重,把宝贵的资源浪费在没有效果的业务上面。

非营利组织的主管始终会面临的问题是:我们应该提供哪些对客户来说很重要的服务方案?然后全面考虑如何来构建和提供服务,如何为服务配备适当的人员。最后设计详细的行动计划:做些什么?何时去做?在哪里做?最重要的是:谁来执行?

制定战略,首先需要确定使命;然后再形成工作计划;最后还需要运用正确的方法(即一系列工具或材料)来加以支持,比如说这些资料会告诉志愿者应该去拜访哪些人,说些什么以及捐赠额度标准等。没有这些支持材料,战略就会流于形式而无法落实。

战略的最后一个问题是需要充分利用面临的机会并把握好时机。希腊神学家称为"机会女神",即感觉到新机会的关键时刻。非营利组织要满足的大多数需求虽形式各异,却是永远存在的,是伴随着人类生存的。需求往往会以某种特殊形式存在,需要通过研究发掘出,在这个时候其形式是怎样的。特别是那些应该成为而未成为实际客户的潜在客户,对他们来说,还没有适当的方式来向他们提供所需的服务。因而,我们不妨扪心自问:"我们能利用自己的优势来把握这一机会吗?我们能够用这套服务方案来满足客户的需求吗?"然后还要考虑第三个因素:现在是把握机会达到成功的适当时机吗?

战略要求非营利组织的领导层具有奉献精神,并能带领整个组织一起付诸行动。战略的实质是采取行动——把使命、目标和市场整合成一个有机的行动,以及把握适当的时机。战略始于市场的需求,而止于需求的满足,因此需要了解应该满足的客户需求是什么:教区内的居民、医院的病人、童子军的男孩和女孩以及领导他们的志愿者,对他们来说,什么是真正有意义的东西?非营利组织的成员必须充分尊重其客户和捐赠者,应该深入了解其价值观和对服务的满意度,而不应该把领导或组织的观念和私欲强加给他们。

第三章

绩 效 管 理
绩效的定义与测评

MANAGING THE NON-PROFIT
ORGANIZATION

1　无底线时如何确定底线

2　不该做的和该做的：基本规则

3　有效决策

4　如何落实学校职责：艾伯特·尚克访谈录

5　小结：实践原则

1
无底线时如何确定底线

非营利组织似乎并不太重视绩效和成果。然而相对企业而言,非营利组织的绩效和成果其实更加重要,但也更难测评和控制。

企业都有财务"底线",虽然仅凭盈亏本身并不足以评价绩效优劣,但至少像盈亏这样的财务指标是客观而具体的,无论企业管理者喜欢与否,利润指标必定会被用来测评其经营绩效。而非营利组织的主管所面临的决策风险则更大些:在测评绩效和成果的方法还没有确定之前,就要先确定理想的成果是什么。每一个非营利组织的主管如果要进行有效的领导,必须首先回答这样一个问题:如何确定组织的绩效?例如,医院急诊室的绩效是接待安置患者的速度,还是心脏病患者在就诊后几个小时内病情得到有效控制的人数?教堂的绩效是什么?有的可能非常看重出席教堂集会的人数，有的则非常重视教堂对社区所产生的影响。虽然两者都是非常有效的绩效测评方法，但会导致两种截然不同的教堂管理方式。致力于解决艾滋病问题的组织一般都不必担心是否有需求，但组织必须明确其绩效是根据预防的有效性还是治疗的有效性来加以测评。如果其目标是预防艾滋病，这家组织就必须创建客户群体：即没有感染艾滋病并相信艾滋病正在向其他人群传染蔓延的那部分人群。

对非营利组织而言，仅仅被动地去满足现在的需求是远远不够的。真正卓有成效的非营利组织要能够积极主动地去创造需求。例如，博物馆过去习惯于把自己看作文化的守护者，管理者曾把艺术品视若珍宝，却不怎么重视前来参观的观众。如今大多数博物馆则在努力创造观众群体的品位、美感和灵感需求，把自己视为教育机构。克利夫兰博物馆（Cleveland Museum）之所以是一座世界级的博物馆，不仅因为其领导者精于搜寻艺术珍品，而且还善于利用各种偶然机会来吸引观众，比如欢迎人们为了躲避风雨而在博物馆待上一会儿。他套用了诸如"重复销售"之类的营销术语来测评博物馆的绩效。他认为提高重复销售的额度，就能扩大观众群体，从而建立起一个惠及社区的机构，而非仅仅是一个闲适的福利性组织。

在非营利组织的管理者开始制定绩效标准来贯彻落实组织使命时，必须提防两种普遍的倾向。一是鲁莽行事。高喊组织的理念使命高于一切，但并不能解决实际问题，如果没人来支持组织理念，就不会有任何作用。明确绩效意味着需要把现有的资源集中于能产生实际成果的行动方案中，而不是开无法兑现的空头支票。

然而，相反的情形也是同样危险的：避重就轻，选取那些容易实现的成果作为测评绩效的标准，而非选取那些能够推进使命的成果。不要过度重视那些容易筹到资金来做的事情、那些追赶时尚的事情，以及那些轻而易举的事情。例如，大学就经常会面临这样一种很大的压力——为捐赠者提供一个职位，而行政管理层和教师都认为这样会有损学校的使命。

最后，我一直担心艺术博物馆也同样存在类似问题。比如有位老主顾要向博物馆捐献一件珍贵的艺术收藏品，但捐献的前提条件有损博物馆的主要使命。博物馆对此做出的一种可能反应是坚持原则加以拒绝；另一种可能反应则是不坚持原则爽快地答应他所提的条件，认为捐赠者不会长生不老，到时候可以再收回其所答应的条件，而且还认为这种做法是有充分理由的。但必须考虑的是，如果博物馆接受了这些条件，将会付出沉重的代价：整个组织将会失去原则。然而不管怎么说，捐赠具有极大的诱惑力，如果拒绝，其他那些不太坚持原则的博物馆就将得到那件珍贵的收藏品。

上述两种诱惑产生的原因是一样：非营利组织是无偿经营的。即使能收取一些服务费，比如博物馆门票或者其附属商店经营有方能够赚些收入，但非营利组织所得到的收益一般只不过是其运作所需资金的一部分而已。企业的收益是客户为企业所提供的产品或服务所支付的资金，非营利组织所提供的服务则是无偿的，徒有美好的愿望也同样是得不到实际收益的。

制订行动计划

必须对非营利组织的行动做出规划。行动是根据使命进行规划的，如果不从使命出发来计划行动，非营利组织将无法取得成功，因为使命明确了应取得什么成果。

然后就应该考虑：谁是利益相关者？对每个利益相关者而言，希望实现的成果又是什么？

在企业和非营利组织之间存在的一个基本差别是：非营利组织一般总会有多个利益相关者，企业则可以根据一个利益相关者来制订计划。像日本企业一直在做的那样，竭力满足客户需求，而其他利益相关者，比如员工、社区、环境甚至是股东的利益需求，则受到限制。这种状况导致了美国企业的急剧变革，也正是许多企业管理者感到末日来临的原因。但非营利组织总是存在多个利益相关者，每个都对组织的管理事务拥有否决权。例如，高中的校长必须满足教师、董事会、纳税人、家长及学生的需求，在这五个利益相关者中，每个都有不同的角度，每个的存在都是必需的，每个都有不同的目标，每个都必须至少得到一定程度的满足，否则就会进行罢课或造反，甚至炒校长的鱿鱼。

30年前，美国社区医院基本上是为医生开的，如果医生对病人说"我希望你来住院"，病人一般是不会不同意的。但现在这种情况已经一去不复返了。原因之一是第三方在为病人支付医疗费用，比如企业在为员工的医疗费用埋单，所以企业也成为医院的利益相关者，而企业是相当精明的，不像单个病人那么容易糊弄，必须在医疗和费用方面都满足其需求，所以医院的管理就变得复杂困难了。另外，由于一般社区医院收入的2/5来自美国联邦政府的联邦医疗保险，政府也就成了一言九鼎的利益相关者。再者，新的医疗保障的提供者——健康维护组织（HMO）同样成了利益相关者。医院职工也变得更加重要了，这倒不是因为他们的需求增加了，而是因为现在有相当多的职工都是受过高等教育的专业人士。

迅速发展的乡村教堂之所以成功，在很大程度上是由于其认识到年轻人、年轻夫妇、单身男女和老年人的需求是不一样的。乡村教堂针对不同群体制定不同的绩效目标，并委任能够达到绩效目标的能干牧师。由于无法物色到真正能干的助理牧师来执行具体事务，美国一所规模最大并且也是最成功的教堂就放弃了单身男女群体的宗教服务。

非营利组织的主管的首要（也是最艰难的）工作任务是让所有利益相关者就组织的长期目标达成共识。建立统一的长期目标是整合所有各方目标的唯一方法。

如果你仅仅关注短期目标，这些利益相关者的目标就会南辕北辙而无法统一。这是40年前我主管一个学术机构时，由于自己的失误而弄得一败涂地所得到的惨痛教训。虽然我自己的计划总是立足于长期的，但我觉得应该先建立友谊并给机构成员一些短期的甜头来激励他们。我得到的教训是，如果无法把所有利益相关者的意见都统一到组织的长期目标上，你马上就会失去支持和信任，也得不到任何尊重。被搞得狼狈不堪之后，我开始关注那些成功的非营利组织的主管是怎么做的。我发现他们是先从确定非营利组织希望给社会和人类带来什么样的根本改变这一点着手的，然后再制订计划，用这一目标把每个利益相关者的不同目标统一起来。

但这种计划与企业管理者所讲的计划是很不一样的。要成功地制订计划，非营利组织的主管必须全面考虑各个利益相关者的目标，他们必须设法理解什么是学校董事会、教师、学生、家长真正关注的。他们必须首先确定组织的长期目标，而非诸如家长关注其子女能够进入理想的大学这样的短期目标，但对家长及在高中读书的子女来说，其长期目标则是一所能够使学生升入理想大学的好学校。把各方的目标统一成组织的使命，几乎是一项旷日持久的系统工程。一旦组织的长期目标能够被各方所理解，实施起来也就不会太难，但也绝非轻而易举。

道德理念和经济现实

非营利组织如果确定了要达成什么样的目标，就能避免因混淆道德理念和经济现实而造成的资源浪费。

非营利组织总觉得几乎不可能放弃任何事情，它们所做的任何事情都是为了"上帝的使命"或"美好的理念"，但非营利组织必须区别道德理念和经济现实。道德理念是绝对美好的。但布道者已经与私通之类的不道德行为斗争了5000年，可依旧一无所获。这只能证明人类本身的邪念是多么得根深蒂固，一无所获只能表明还需要加强努力，这是追求道德理念所必需的。但从经济现实而言，就应该问一问：这是我们稀缺资源的最佳用途吗？有这么多的工作有待我们去完成，应该把资源投向能够产生成效的地方，我们负担不起持久不懈地追求这一类无法取得预定成果的正义事业。

由于坚信我们所做的一切都合乎美好的道德理念，因此，不管能否达到目标都应该坚持到底，这对非营利组织的管理者尤其是其董事会而言，是一个长期存在的诱惑。即使理念本身是合乎道德的，最好还是以能取得成果的方式来追求理想。要追求的美好道德理念有很多，但我们能够用来追求道德理念的资源总是有限的，而且非营利组织对其捐赠者、客户和员工都负有责任，所以应该精心合理地分配稀缺的资源来有效地达成目标，而非为了正义的事业一掷千金。非营利组织是改造人类的机构，因此其结果不外是引起人类的改变——行为、环境、见识、健康、希望的改变，当然最重要的是能力和潜能的改变。概而言之，不管是医疗保健组织、教育机构，还是社区服务团体或工会，非营利组织都必须根据其所设定的愿景和标准、所创建的价值、所做出的承诺以及所提高的人类能力的绩效来进行自我测评。因此，非营利组织需要根据其对人类的服务来设立明确的目标，而且还要不断地提高这些目标，否则绩效就会下滑。

2
不该做的和该做的：基本规则

　　非营利组织需要注意一些该做的和不该做的事，否则就会影响甚至降低绩效。

　　非营利组织容易过于专注内部事务。组织成员对所做事情的正确性容易过分自信，对所追求的理念容易过度投入，从而把组织本身当作追求的终极目标，这就犯了官僚主义的毛病。这样的话，组织成员就不会反思：这件事情有助于组织使命的实现吗？他们想的是：这件事情符合我们做事的规则吗？这样的话，不仅会影响组织绩效，还会摧毁组织的愿景理念和奉献精神。

　　有个例子能很好地说明什么是组织不该做的事。由于护士短缺，一家大型社区医院精心制定了一系列政策来安抚护士，然而护士的跳槽率不降反升，短缺问题变得更加严重。这是因为，安抚护士的所有措施只是让她们醒悟过来：以前医院对她们真是太苛刻了，她们本来就应该享受这些优待政策。因此，所有这些政策所起的作用仅仅是使她们更加不满意而已。

另一家医院则是先这样问护士："各位的职责是什么呢？"大家众口一词："致力于病人护理。"但大家也要求："请医院不要让我们再去做与护理病人无关的烦琐杂务和文书工作。"因此，解决方案就十分简单：为每一层的病房配备一名职员，专职负责杂务和文书工作。这就使护士能够从杂务和文书工作中解脱出来，专注于大家都了解的本职工作——病人护理。这极大地提高了护士的工作热情，大家都不再跳槽了，护士不仅不再短缺，反而略有富余。虽然护士人数不多并承担了繁重的护理工作，但大家都干得很开心。结果医院大幅提高了每个护士的工资，但总的护理成本并没有什么增加。

在采取每一种行动措施、做出每一项决策方案和制定每一项方针政策时，非营利组织都应该先考虑清楚：这会提高我们贯彻使命的能力吗？应从最终结果出发，由外及内而非由内及外地来思考问题。

正如我们在后面马上就要分析的那样，决策时存在不同意见，对有效决策是非常必要的，但长期的纷争和口角则是有害的。事实上，这种情况是必须加以制止的，不然就会摧毁组织的精神。

大多数人把长期的纷争和口角只是看作个人之间的冲突，这是不对的，其实这是组织需要变革的预兆。这种现象可能在组织内迅速蔓延，并导致整个组织体系的瘫痪。大家都先是有些茫然不知所措，然后就开始互相指责。我见过一个组织发生过这种情况，该组织为卧病在家者提供饮食服务，这是所有志愿者对其工作的定位，也是管理者对组织的定位。但随着时间的推移，他们还承担了许多其他服务工作，诸如去移动房屋居住区上门护理，安排孤单老人走访亲戚、帮助他们落实社会保障制度、带他们去医院做理疗等，总共为低收入者、老人和残障人士提供了十几种不同的服务。然而整个组织体系却仍停留在递送饮食服务这一基本职能上，从而为借车使用、因故迟到及其他诸如此类的琐事频频发生口角。

这是需要重新审视组织的信号。组织是根据过去而非现在的情况构建的吗？当时的组织结构是根据温馨小家庭式的运作模式来构建的，然而现在已从原来的区区4间寄宿式房屋急剧扩展成拥有600间客房的大厦，但组织结构却没有什么改变，是这样的吗？当组织内的口角之争愈演愈烈时，自然会让人感到不舒服，问题的实质是组织结构已不再适应实际的运作情况了，这就有必要对组织结构进行变革。

最后一个注意事项是举止不可粗鲁无礼。年轻人总是把谦恭优雅的态度视为虚伪而加以排斥，他们认同实实在在的态度，认为应该表里如一。如果你说"早上好"，而此时外面正在下雨，你就是伪君子。但人的交往互动应遵循自然法则，否则就会产生摩擦矛盾，而良好的态度是消除社交摩擦的润滑油。年轻人总认识不到这个道理。在我年轻时和现在相比，认识上唯一的差别是：如果你粗鲁无礼，就会招来责备批评。不过，当时我们确实也不喜欢彬彬有礼的举止。但一个人应该学会礼貌待人，这对于让彼此并无好感的人聚在一起工作是极为必要的，虽然大家有共同的理念，但这并不能自动消除恶劣的态度。恶劣无礼的态度会令人疏远结怨，会留下永久的创伤，良好的态度则会产生截然不同的结果。

最重要的该做事项是应该根据信息的流畅性和交流沟通的有效性而非管理层级来构建组织。非营利组织的每位成员，包括所有管理人员，都应该负起传递信息的责任。每个人都需要学会问两个问题：第一，我需要获取什么信息来完成工作，从谁那里、什么时候、如何来获取这些信息？第二，我应该向其他人提供什么信息使他们能够完成工作，以什么形式、在什么时候提供这些信息？

大约60年前我刚参加工作时，简直没什么信息可言，因此组织不得不分成很多层级，紧密管控。现在的组织则具有巨大的信息接收处理能力，这就意味着组织结构能够比以往更加扁平化，管理层级也可以少得多，这是一个巨大的进步。我们知道每个管理层级就像一个信息转播站，信息链中的每个转播站都会把信息过滤掉一半，而把噪声扩大一倍。但这也意味着组织成员必须负起信息处理的责任，不然我们就会淹没在大量无用的信息中。

首先，信息型组织的员工有向上级汇报信息的责任。

有一个早期的例子。100年前，在以农业为主的明尼苏达州的一个小镇有对兄弟，都是外科医生，他们成立了第一家现代医疗中心——梅奥诊所（Mayo clinic）。这是一项全新的创举，当时几乎所有人都断定它不会成功。这两位乡村外科医生聘请了各类医术精湛的权威专家。整个组织几乎没有什么管理层级，但这种管理模式非常有效。梅奥诊所的每一位资深医师都直接向梅奥兄弟汇报工作，每位主任医师每月都要坐下来撰写每位患者的详细医疗诊治报告。在报告中，还要讨论在诊所运作或病人治疗方面需要进行哪些变革，诊所应在哪些方面获取新的能力或改进绩效。每位主任医师，不管是泌尿科的还是眼科的，一旦有治疗需要，可以在整个梅奥诊所内调动任何部门的医生。当然，这一切都发生在计算机问世之前很久。

信息型组织的成员都必须向其领导和同事汇报情况，更重要的是，必须让他们理解实际情况。对于非营利组织的所有成员，不管是领薪的员工还是不领薪的志愿者，也都应该使其他成员理解自己。

这就要求每个成员根据工作内容和目标的要求，考虑清楚什么是应该承担的职责，并以书面的形式记录下来。然后，让组织上下的所有其他成员都能够理解其职责。

这也是组织成员相互之间建立信任的有效途径。组织的成功运作取决于信任。信任意味着你清楚成员之间能够期待的是什么；信任就是互相理解；信任并非互爱，甚至谈不上是互相尊重，而是彼此之间可以预见和期待。这对非营利组织尤为重要，因为在一般情况下，组织的成功运作必须依靠众多志愿者的辛勤工作，而这些志愿者并非组织所能控制的。

除了志愿者外，还有拥有终身教职的教师或独立的牧师之类的组织成员也是不受控制的，这就更需要互相信任。假如你不知道互相之间能够期待的是什么，你马上就会让伙伴或邻居感到失望。特别是在非营利组织，由于成员认为他们都是致力于同一个理念，因此如果相互猜疑，造成的伤害会更大。明确相互之间的责任和关系，并进行有效的交流沟通来达到充分的理解，在非营利组织比在企业里更加重要。

大家都相信授权的有效性，但要使之有效，必须要有明确的规则。需要明确什么是授权的任务，要有双方都理解的目标、都认同的进度计划及完成任务的截至期限。最重要的是，需要清楚理解授权方的要求和被授权方的责任。要使授权有效，还需要授权方进行跟踪管理。这一点授权方很少做到，他们或许认为既然已经授权了，就算完成任务了，但应该明白，即使进行授权，授权方对绩效仍然负有责任。因此，他们必须跟踪管理确保任务得以完成，不仅要做对，还要做好。

最后，如果有任何意外事情发生，被授权方有责任通告授权方，而不是认为："我自己能够处理好这件事。"

标准设定、工作安排和绩效评价

要让组织的每位成员承担起各自的工作职责并进行有效的交流沟通，就需要制定一系列标准。标准必须是具体的。例如，我前面提到过的医院急诊室的标准是：前来就诊的每位患者在一分钟内就能得到一位训练有素的职员的接待。

标准必须设置得高一些，不能轻而易举地达到。当我们前往发展中国家工作，往往都会犯这种错误：我们会认为，这些员工没有受过训练，也没什么工作技能，因此就先把工作标准设置得低一点吧。当然，在新手刚开始工作时，你得慢慢来，但绝不能降低标准，因为标准是非常明确的。许多年前，我有一位令人难忘的年迈的老师，在小学二年级开学的第一天，他把一幅优美的书法作品贴在教室墙上，然后告诉我们："这是你们书写的范本。"当时我们没有一个人能写得那么好，包括我自己在内，我们绝大多数人永远都达不到那个水平，但我们因此对自己马虎潦草的书法也不会再自鸣得意了。

不管是在集权还是分权管理的非营利组织，制定明确的标准都是非常重要的。开始的时候，只有少数组织，而且几乎都是规模非常庞大的组织能够做到这一点。最早的当然要数天主教管区（Catholic Diocese）了，然后美国心脏协会、红十字会、童子军还有其他许多组织也都逐渐做到了这一点。现在许多医院纷纷成立了连锁分院，许多大学设立了全国性的分校。一些大型的基督教新教派教堂发展了一些小型的分支教堂，除了提供神职人员和其他一些支持外，这些分支教堂各有其独立的教堂设施、独立的教徒，并独立编制当地资金筹集的预算。所有这些组织机构的标准都是由全国性的董事会统一制定的，但每个地方性组织——地方理事会、地方分会、地方教区、主教管区和医院分院，都必须是自主的、能够独立决策的。

对自主性和统一性的矛盾冲突起协调平衡作用的，首先就是清晰明确的高标准。但这样一种结构形式的组织同样要求总部集中决策两三件重大事务，不只是口头说说，还必须付诸实际行动。例如，在天主教管区，是由主教负责重要的人事决策，委派教区的牧师；童子军总部集中提供计划材料、徽章标志和诸如幼女童子军这样的创新方案。除此之外，总部还要进行全国性的组织形象宣传和处理公共及政府关系。

其次，这类组织需要根据标准进行控制。这是最难办的事情，也是首席执行官不必一味地迁就各地方性组织的方面，虽然不喜欢，但地方性组织必须接受总部的否决权。如果总部能够控制整个组织系统的促销活动、各主教管理其辖区的方式，就会有益于组织的健康发展。在大多数非营利组织中，地方性机构在人员配置方面是独立自主的，这就需要高层人员经常亲自走访各地方性组织，而非派人去看。这对于自愿结盟的非营利组织是一个基本要求，这些地方性组织需要自行调动各种资源和能力来实现各自的绩效，但所有这些行动都应该围绕一个共同的使命展开，共同使命可以把各地组织联合在一起。

总部的管理者必须时刻提醒自己：我们是为地方分会和地方分院服务的，我们的工作职责是确保它们按统一标准行动；我们是为它们服务的，工作是它们做的；我们不是它们老板，而是它们的坚强后盾。

地方分会、地方医院、地方教堂的组织成员也必须时刻提醒自己：我们代表的是整个组织。所有利益相关者都会根据组织的行为规范、绩效标准和职业道德来，衡量评价我们的言行举止和做事方式。

应该制定严格的标准和雄心勃勃的目标，但必须是切实可行的，至少组织的模范成员能够达到。因此，非营利组织应该根据成员的特长把他们安排到相应的工作岗位上，使之能充分发挥作用，然后用高标准来严格要求他们。

组织也需要借助模范成员来提高整个组织的见识、愿景和期望和绩效潜力，应号召大家向这些人看齐。让他们来当其他同事的老师，是宣传赞扬和树立其威望的最好方法。例如，在地方组织的会议上把他们请到前面来，向大家介绍取得优异成绩的经验。对销售队伍触动最深的莫过于让成功的推销员站在他们面前，和他们分享体会："这是我行之有效的方法。"让模范成员来推广成功经验，能达到更好的效果。对他们来说，这是最好的表扬方法。

人们一般都希望知道结果如何，志愿者尤其如此。如果没有金钱报酬，成绩就是唯一的回报。一旦明确目标和标准，就可以进行评价。当然这是上级义不容辞的职责，但如果目标和标准都十分明确的话，工作人员就能进行自我评价。

组织应该从员工做得好的方面出发做出积极正面的评价，而不应从负面出发："你应该早就做到这一点了。"要根据员工的优势和具备的素质而非缺陷来进行绩效的评价。

组织的职能就是在工作中把人的优势有效地发挥出来，同时要避免人的弱点所造成的影响。这是组织职能的最终检验标准。

外 部 角 度

一个更基本的规则是：让组织成员特别是管理层经常走出去，从外部角度来了解组织存在的目的。如果老是窝在组织内部，是不会取得什么成果的，只会增加成本。然而，组织往往容易专注于内部事务而脱离外部现实。卓有成效的非营利组织都让成员走出去，不断地参与现场的实际工作。

例如，在一家最成功的大型医院，每个职员（包括会计和工程师）一年要做一个星期的护士助手，每隔一年每个职员就要使用化名装作病人实际住院24小时。正如古语云：医生和患者要换位思考。

不要永远待在办公室里，而要定期让他们回到现场工作。战斗力强的军队有个传统：每个指挥部的军官每隔几年都必须回到部队基层去当一线指挥官。

3
有 效 决 策

不论是在非营利组织还是在企业里,管理者在决策上所花的时间其实很少,更多的时间用在了开会、与人交往或获取信息方面。然而解决问题的是决策,组织的成败也取决于决策。管理者所做的大多数事情,其他人都是可以代劳的,但决策只能靠管理者自己,其他人是无法代劳的,管理者所做的决策可能是有效的,也可能是无效的。

效率低下的决策者总是整天在忙于制定决策,而有效的决策者所做的决策是很少的,他们只关注那些重要的决策。即使勤于决策的人,其决策时间的安排也经常会不合情理,制定重要决策常常显得轻率匆忙,而对那些简单次要的决策却往往倾注大量的时间精力。

有效决策最重要的问题是:决策的实质是什么?决策的实质常常会被

表面现象所掩盖。

大约20年前，位于某大都市郊区的女童子军组织意识到该地区的种族构成比例正在发生急剧的变化。该地区的居民本来都是正宗白人，因此女童子军的女孩也都是白人。但现在这里的居民正在迅速地变得高度多元化：黑人、西班牙人和亚洲人大量增加。显而易见，女童子军组织必须招收新迁居民的孩子。但问题是，组织贫困家庭的孩子来参加童子军活动，成本是很高的。需要决策的似乎变成了经济问题：如何来筹集资金？问题的答案似乎很清楚：把不同种族的孩子编成不同的团队，不然恐怕不会得到富裕的白人群体的经济支持。

幸好当时一位领导者发问了：这项决策的实质是什么？我们的使命是筹集资金还是建设国家？这样一问，决策的实质马上就显得清晰明了：事关基本原则问题，必须打破童子军组织的惯例来做出决策。答案是：不管有什么财务风险，我们都不能组建种族隔离的童子军团队。种族隔离已成为历史了。我们必须强调：少女就是少女，不是什么黑人、白人、意大利人、犹太人或越南人，她们都是美国少女，这就是决策的实质。一旦明确了这一点，决策问题也就迎刃而解了。经过宣传解释，社区居民都平和地接受了这一决定。

一所著名大学面临严重的资金短缺问题，不得不削减教学项目，但问题是削减哪些教学项目。一开始这好像是个财务决策问题：哪些教学项目成本最高？为避免教学项目被砍掉，教员相继陷入内战之中，几乎毁了整个组织。就在这时候，一位董事站起来发言："我们把问题搞错了，我们应该讨论的是，把发展重点放在成人的继续教育上，还是年轻人的教育上，这才是决策的实质问题，剩下的是如何贯彻落实的问题。"大家忧心如焚的问题一下子变得豁然开朗。决策的实质并不是资金短缺问题，而是美国高等教育的未来发展方向及大学在其中所扮演的角色问题，这样一个问题必然会存在不同的意见。这是一个战略决策问题，不是权宜之计所能解决的。如果大学未来的发展趋势是成人继续教育，那么这一项目就不应被砍掉。大学应该出去筹措资金，否则就没有发展前途。

决策总是要承担风险的，制定有效的决策需要进行长时间的深思熟虑，因此不要去考虑那些无关紧要的决策。由于两人长期不和，某非营利组织一次又一次地进行费力劳神的结构重组和人事调整。但要知道，他们已经纷争了 20 年，不管如何调整，还会继续纷争下去。最好的解决方法是：随他们去。

不要去考虑琐碎小事。我住在洛杉矶东面，离市区 60 英里，这里有四条免费高速公路通往市区，到市区的路程都是一样的，但哪条路可能会发生堵塞则是完全无法预测的。选择走哪条路线不是个决策问题，如果要决策通常也是不会有什么结果的，或者至少不会有什么可以预见的结果，因此不必为此浪费时间。

机会与风险

决策要考虑的下一个问题是机会与风险。首先要考虑的是机会而非风险：如果决策可行，会给我们带来什么机会？然后再来考虑风险。在决策时有三种风险值得考虑：

第一种是我们能够承受的风险，如果出现问题，很容易解决，影响也很小；第二种是不可挽回的，决策失误了会造成严重的影响；第三种是风险巨大，但又不得不承担的。例如，40年前纽约布鲁克林地区从白人工薪阶层居住区急剧变为黑人贫民区。该地区的一家著名医院几乎在一夜之间就变得空荡荡，病床使用率一下子下降了12个百分点，医生和病人都走了。医院继续开下去在经济上是不可行的，但社区需要医疗服务。医院做出了一项非常艰难的决策：继续开下去，并设法为未来3~5年筹措必要的资金，直到有足够的病人来维持医院的正常运作为止。这项决策在情况突变后很快就做出了。医院要维护其使命，继续经营下去是不得不承担的风险。

需要不同意见

我观察到，自富兰克林 D. 罗斯福以来，所有的一流决策者都遵循一条非常简单的规则：在重大事务的决策中，如果大家的意见都一致，就不要做决定，先暂时延一段时间，让每个人都有时间思考一下。重大决策是有风险的，应该有争议才对。如果大家都一致赞成，只能说明大家都没有做准备工作。

通过有效的讨论来充分理解问题的实质是非常必要的，因此需要不同意见并进行辩论。如果在一片喝彩声中做出决策，所做的决策必然是肤浅的，不会触及问题的实质。我们需要不同意见，但也必须使之富有建设性。

大约70年前，有一位名叫玛丽·帕克·芙利特（Mary Parker Follet）的美国政治学家说过，如果在组织中有不同意见，绝对不要去问谁是对的，甚至不要去问什么是对的，而必须假设每种意见都是针对不同问题提出的正确答案，每种意见都看到了现实的不同侧面。

几年前，正如我们在前面看到的，内部医务人员之间的意见冲突导致了一家著名医院的分崩离析。一方赞成把眼科门诊部从医院主体中迁移出去，因为大多数眼科诊治都不需要住院了，如果其经营成本不再占用大医院的管理费用，无疑是更为经济的；另一方则把这种迁移看作医院进行全面重组的第一步。双方都对，但双方也都只看到了现实的一个方面。

不要去争辩什么是对的，而应假设每种意见都是正确的，但要弄清楚每种意见解决了什么问题。这样，你就可以理解各种意见，在很多情况下，还能够把不同意见综合到一起。然后，你就可以说：在这种情况下，我们不能根据眼科学的原理来做出决策，这只是一个特定的事件。但决定眼科门诊部迁移出去，表明我们将进行医院重组。如果我们认为剥离眼科是适合未来医院的组织结构，那么，不论医院还是眼科门诊部，就都不必去谈什么经济问题。每个人都会理解这一点，所以我们应把不同意见看作创建理解和互相尊重的方法。

如果决策失败，组织会有巨大的风险，或者陷入不可挽回的局面，在制定这样的决策时，情绪总会比较激动。明智的做法是把异议看作建设性的意见和促成相互理解的方法。

如果能够通过各抒己见促成对所讨论问题的全面而共同的理解，你就创建了团结奉献的局面。有一句非常古老的格言，来源于亚里士多德的思想并成为早期基督教堂的座右铭：维护团结、言行自由、互相信任。信任需要各抒己见、开诚布公和胸怀坦荡。

这对非营利组织尤为重要。正因为大家都献身于美好的理念，非营利组织比企业更容易导致内部冲突。不同意见并非仅仅表示你我意见的分歧，更是你我对组织信仰和理念的高度忠诚的一种对比。因此，非营利组织必须特别留意避免陷入长期纷争和互不信任的困境，对不同意见必须开诚布公并认真对待。

应该鼓励不同意见的另一个理由是，任何组织都需要敢于挑战陈规的人。如果形势发生了变化，这个时候就需要愿意并能够推进变革的人。需要的不是说这种话的人："这是正确的方法，那是错误的方法；这是我们的方法。"需要的是能够这样思考的人："现在的正确方法是什么呢？"需要的不是唯唯诺诺的人，而是敢说敢为的人，并且是受到组织尊重的人。

开诚布公地讨论不同意见也能使非营利组织的管理者排除那些没有必要、毫无意义并且无足轻重的矛盾干扰，使他们能集中精力处理真正重要的事务。当把矛盾公布于众，许多矛盾会自行消除，因为这可使人认识到这些矛盾只是小事一桩，并没有什么大不了的。当然，矛盾是难以避免的，外科医生和内科医生的看法总是有差别的。但要看，在特定情况下解决这种矛盾是否必要？如果没有必要，就应该像在13岁时我们的神学老师所说的那样："孩子们，去相互厮杀吧，但不要在课堂上乱来。"到外面去一争高低，和我们没有关系，不必去解决这些矛盾冲突，但应该排除其干扰。如果你能够做到这一点，就是向前迈进了一大步。

另外一个例子：前不久，我去参加了一家博物馆举行的会议，这家博物馆陷入了内部纷争，人们一直在激烈地相互争论着。这个时候，一位明智的长者指出争论的双方其实都是正确的，他们才停止了争论。其中一方赞成投入资源建设新的大型博物馆，他们认为目前正在建造的博物馆是造福社区的公共设施，因此他们所讨论的是设施大幅度扩张更新问题；另外一方所持的观点正好相反，他们认为应该把资源集中在极少数真正的艺术品的收藏上，应该制定一套严格的收藏标准，使得每一件收藏品都是同类中最好的，而这正是 19 世纪伟大收藏家的经营方式。双方所争论的是博物馆的经营理念，虽然"博物馆"这个词字面上是一样的，但对其内涵的理解则各不相同。

一旦理解了双方的立场观点，情况就一目了然了。矛盾冲突其实与双方所讨论的事情毫无关系，决策的实质是把资源投入到扩展设施上还是收藏精品上。一旦选择其一，将会有一半的董事辞职——或许去建造一个新的博物馆，但是那不是我们要在会议中决定的。会场气氛突然变得平静、融洽，甚至还有了朗朗笑声。

化 解 冲 突

第一种方式，你可以运用异议和分歧去化解冲突。如果你能很开明虚心地征求人们的不同意见，就会使他们感到其意见要到了重视。但是你也要弄清楚，哪些是反对者及其所反对的意见是什么。在很多情况下可以考虑他们的不同意见，这样他们就能够很体面地接受你的决定，很多时候都能够使他们理解意见被采纳一方所持有的观点。就算无法接受他们的观点，也不会认为这些人是愚昧的或者是充满恶意的，他们只是意见不同而已，这样你就化解了矛盾。你无法阻止不同意见，但可以化解矛盾冲突。

第二种方式，你邀请争辩最激烈的两个人，尤其如果这两人都备受组织成员尊敬，就更应该让他们坐到一起来达成一致。他们可以从共识出发来取得一致。

第三种方式是平息争论。你可以说："让我们先来看看有哪些共识。"

然后，分歧常常就会变得无足轻重了。必须要有共同点，才可以化解分歧。在某些情况下，你可以说："让我们忽略分歧吧。"或者"让我们先把它放在一边。"或者"难道这真的很重要吗？"要知道，存异才能求同。

这些都不是什么新的技巧，在《旧约全书》里就有许多诸如此类的例子。寻求共同之处，是任何部落长老维持团结统一的不二法门。任何人都无法避免冲突的产生，但是可以使之变得无关大局，或者至少不再那么重要。化解冲突的最好方式是建设性地利用分歧。

从决策到行动

决策都是对行动的承诺。但总有太多的决策是纸上谈兵，无法落实。这有四个普遍的原因。决策失败的第一个原因是，我们力图去"推销"而不是"营销"决策。在西方，我们倾向于快速做出决策，然后才开始"推销"给组织成员。推销就花了3年时间，等到决策"推销"出去的时候，当初的决策早已过时了。在这一点上，我们可以向日本人学习，他们在做决策前总是先构建行动纲领。在日本的组织中，在做出决策之前，都要向受到决策影响的每个组织成员，尤其是那些将要去实施决策的组织成员，去咨询与决策有关的一些问题。这样看起来似乎很慢，在日本人还在慢条斯理地制定决策的时候，我们西方人早就做出了决策。在日本人做出了决策时，我们西方人早已着手"推销"了，但日本人却不需要"推销"。你看，在他们做出决策的第二天，所有的组织成员都理解了，每个人都已开始行动了。

决策失败的第二个原因是，虽然制定了新政策或新服务方案，但没有经过试验就直接全面系统地推行。如果这样，我们就忽略了本书第一部分所记录的女童子军总裁弗朗西斯·赫塞尔宾在接受采访时的忠告：先寻找非营利组织的机会目标，并采取集中突破的策略，而不是立即全面推广。

我喜欢在三种不同地方向三种不同的人来推行新方案——这是 40 年前我从将理疗方法引入美国医院的人那里学到的经验。那时几乎所有的人都普遍抵制理疗方法，绝大多数医院声称不会采用理疗方法。这群创新者甚至没有试图去说服那些不信任者，他们只从三个社区选取了三家热切希望引进理疗方法的医院：其中一家是大型教学医院，拥有众多的老年人、战争伤残人员等病人；另外一家是半农村性质的小型医院，主要诊治许多工业和农业事故的伤员；还有一家是颇具规模的郊区医院，主要收治普通疾病、骨折或关节炎之类的患者。在与这三家医院仅仅合作了 5 年之后，美国几乎所有的医院都渴望引进理疗方法了。

然而在那时，与原先的设计相比，治疗方法已经发生了很大变化。例如，三家医院的试点都显示：对于病人的康复，心理疏导和病人家属的积极配合，与锻炼和生理治疗具有同等的重要性。这是创新者不曾预料到的，却是造成治疗效果截然不同的原因。在产业界，我们很久以前就知道了，一旦跳过试验阶段，我们必然会陷入困境。我们必须明白社会项目和服务活动也是同样如此。

第三个忠告：如果没有指定什么人去执行，这样的决策是毫无意义的，必须要有人来负责决策的贯彻落实——制订工作计划、目标以及完成期限。决策不会自行生效，必须要有人推行才能开花结果。

最后一个即第四个普遍性的问题。我曾经看到过一个非常好的决策彻底失败了，因为没有人认真考虑过：谁应该去做些什么。应该如何向每个执行者传达决策内容，使其能够切实贯彻落实？每个人需要获得什么样的训练？需要借助什么样的工具手段？我看到过一个用完美的数学模型来表示的决策，但其执行者是仓库的叉车司机，所以该决策无法得到有效执行。你不仅要让执行者理解决策，而且还必须把决策落实到具体的工作职责。必须结合工作手册、培训项目和报酬津贴来把新的决策落实到实际行动中，然后你还必须跟踪监控。不要仅仅依靠报告来了解实际的执行情况，而要亲自去仓库看看。否则，一年以后你会发现什么都没发生过。

决策是把目前的资源投向充满变数的未来。根据基本的概率统计理论，这意味着决策失误的概率将大于正确的概率，至少它们是需要调整的。事实上，美国医院在20世纪六七十年代所做的每一项决策，后来都是因为政府政策的变化——尤其是有关医疗保健体系的报销政策的变化——而显得不合时宜的。于是，医院的病床突然显得过剩了。要知道，对未来进行决策，出现这种结果是非常正常的。

决策总是要进行补充调整的。这就需要做到两点：首先，你得事先周全考虑，以便在出现问题时可以进行补救；其次，在决策时就要考虑好谁来进行补救调整，而不是决策时听之任之，一旦出现问题，就来追究责任。非营利组织的一个弱点就是它们坚信不能犯错误，这一点比企业更加普遍，企业一般都知道总会犯错误的。在非营利组织中，犯错误是绝不允许的。一旦出现什么差错，就会受到"军事法庭"的追究：究竟是谁的过失？与此相反，我们需要考虑的是：谁来挽救局面？谁来调整计划或运作？如何进行调整？

4

如何落实学校职责：艾伯特·尚克访谈录[一]

彼得·德鲁克： 艾伯特，您一直在领导这样一场圣战：改进课堂教学质量，落实教师和学校的职责，并明确以老师为中心的办学原则。那么，您是如何来定义学校的教学质量的呢？

艾伯特·尚克： 要解决这个问题必须考虑：我们打算培养出什么样的人才？大多数教育工作者都是根据考试分数、学术能力测试（SAT）成绩等狭义的教学标准来非常狭隘地解决这个问题。但教学成果应该从三个方面来进行考核评估：第一方面当然是知识的传授；第二方面是培养在政治活动中积极参与的公民意识和在经济活动中卓越表现的能力；第三方面则

[一] 艾伯特·尚克是美国劳工联合会-产业工会联合会所属的美国教师联合会（AFL）的主席。

是促进个人的成长和参与社会文化生活。不幸的是，即使是大致地测评这些教学成果，我们也还是做得不够理想。

彼得·德鲁克： 但我认为这样一种说法是有道理的：如果一个人不掌握这些可测评的实际知识和技能的话，就会缺乏发展的基础。因此我认为，我们必须首先以某种方式来定义什么是教学成果。

艾伯特·尚克： 我认为首先应从较长的时间范围来测评教学成果。如果每学期或每学年都来评估短期的教学成果，意义不会太大。学生为了应付考试而学会的琐碎知识，在一个星期后就不会有什么意义了，再过一段时间甚至可能会被忘得一干二净了。

彼得·德鲁克： 我觉得我自己就是这样一个活生生的例子。我的学习成绩一直是极为出色的，这是因为我知道怎么应付考试。但我学到的东西很少，真正研究过的更少。

艾伯特·尚克： 我来举例说明一下什么是不正确的学习方法，正确的学习方法又应该是什么样的。比如教师上自然课会先在教室里贴满鸟类挂图，然后一边放映幻灯片，一边要求学生报出各种鸟类的名称。最后考试时还是要求学生写出这些鸟类的名称，但问题是，时间久了学生根本无法记住这些名称。因此，结果是经过几个月如此这般的折磨，学生必然对鸟类永远都不会有什么兴趣了。

在少年时代我加入过男童子军组织，其进行鸟类研究的方法值得提倡。研究活动要求你实地观察40种不同鸟类。你很快就会发现，如果只是到街上和公园里看看，是无法观察到这么多鸟类的，必须得早起到市郊的湿地和森林中去观察。如果你不想单独去，就会找几个朋友结伴。不久你发现在那里观察到的鸟类和挂图上所看到的不太一样。经过几个月对鸟类活动的结伴观察，你会有很大的收获，在观察鸟类时会有一些独特的发现。

学校教学的关键问题是不要把学习变成记忆，所记的知识很快就会忘记，而应把学习变成生活的一部分。我发现，在男童子军组织时有这种观察经历的人，后来无不对鸟类保持深厚而持久的兴趣。

彼得·德鲁克：您刚才所讲的意思是，您觉得应该先让学生承担起学习的责任，而不是先让教师来承担教学责任。这是您评估教学成果的主要方法吗？

艾伯特·尚克：从本质上讲，现在学校组织教学的方法是把大量的教学活动和工作压给教师，而学生只要坐在那里专心听讲就可以了。你希望学生记住你讲的知识，并根据考试成绩来进行奖惩，或者干脆让不听话的学生坐到后面去。不让学生承担起学习的责任并积极参与到教学活动中，效果往往会非常非常有限。

彼得·德鲁克：数百年来，我们一直强调的是教师应该如何教育，而非学生应该如何学习，是这样的吗？

艾伯特·尚克：学校基于这样一种假设来组织教学活动：学生是教育的对象而非教育的参与者。学校像个办公室，就像要求办公室职员那样来要求学生阅读和撰写报告。学校比其他组织更像办公室，是一间给学生提供桌椅的办公室。学校告诉学生："你们的老板就是教师，教师会给你们分配工作任务。但每隔 40 分钟，你们就要换一间不同的办公室，会有不同的桌椅和老板，给你们分配不同的工作任务。"当然现在的办公室不会老是这样换来换去了，但学生还是没有被当作教育的参与者，还是被当作需要工厂加工的原材料。所以，这样的教学方式自然不会有什么好的效果，这不是正确的学习方法。

彼得·德鲁克： 在小学四年级时，我非常幸运地遇到两位杰出的老师，从那时开始，我就一直留意观察老师。我所见过的优秀教师，不论是教小孩子的还是教成年人的，其教学方法并没有什么不同。如果一定要说有什么不同的话，那么也只是教学进度的差别罢了。不论教什么人，都应该按成年人的标准来要求。教学对象可能是初学者，但不能因此降低标准。我小学四年级的一位老师曾经说过这样一句话，许多年以后我还记忆犹新：没有差的学生，只有差的老师。这句话指的是教师的工作是发掘学生的优点并使之发挥出来，而非一味把学生看作有很多缺点需要改正的人。

艾伯特·尚克： 我在学校教书的时候，校长或校长助理很少来过问学生的学习情况。我曾教过一班学习很困难的学生，大多数都刚从波多黎各过来，语言上有很大的障碍，当时我真希望有人能够帮我一把。有一天，教室的门打开了，进来的是校长。在我觉得仿佛过了30分钟之后，但实际上也就30秒而已，校长发话了："尚克先生，教室地板上到处都是纸片，这是很不符合职业标准的，请您清理一下好吗？"说完，门就关上了，校长走了。看来，学校当局唯一感兴趣的其实只是一些官僚刻板的要求而已。

彼得·德鲁克： 这意味着学校必须关注教学质量和成果，而非刻板的规章制度。因此，需要明确其使命。

艾伯特·尚克： 需要明确使命，但也需要规章制度来实现使命。我们不能期望学校董事会成员不理会利益相关者的要求，也不能指望校长不在乎公共形象和职位问题。

彼得·德鲁克：现在我想来谈谈您所建立的庞大的教师联合会的本职工作。20世纪60年代，教师联合会举步维艰，当您在16年前，即1974年接任全美教师联合会主席的时候，组织正在迅速发展，并充满争议。我想问的是：您当时采取的第一项措施是什么？

艾伯特·尚克：我当时想做的第一件事情是改变过去15年所形成的组织导向。让我先来回顾一下。我首先是作为一名教师，然后是作为一名组织职员来组建联合会，我遇到的最难办的事情是使教师相信他们有权利追求自己的经济利益。工会（全美教师联合会）和专业协会（美国教育协会）的观念在当时是水火不容的。后来到我担任全美教师联合会主席的时候，在社会上，这种观念已经根深蒂固了，教师被看成那种每年都会罢课的人，对学生和教育事业则不感兴趣。教育界遭到了社会各界的激烈批评。由于《美国退伍军人法案》（GI Bill）和高等教育扩招的影响，我们也遭到了很多教育程度较高的公众对公立学校的严厉批评。学校和教师的形象一落千丈，我们还面临其他种种威胁，诸如私有化、学费退税、"教育券"计划以及公众寻找公共教育替代方案之类的威胁。

我在当时所做的第一件事是与企业界建立合作关系，我们必须创办专业期刊类的杂志，而非工会期刊。我们必须树立起这样一种形象：我们不仅有勇气去抗争和罢课，而且是受人尊敬的教师，是有渊博知识的人。不然的话，整个教育界就会沉沦下去。

教育界如果沉沦下去的话，将会产生极为广泛的影响，冲击的不仅仅是教师联合会或学校当局。美国的公共教育机构是融合不同种族和不同信仰的人群的场所，是我们进行所谓美国化的机构，这是一个相当传统的说法。在美国，如果教育机构沉沦，就不仅仅是关于美国教师联合会的小问题了,而是一个影响广泛的大问题。因为私立学校都有宗教倾向,比如信服天主教、基督新教、犹太教,也有种族倾向,如歧视黑人、西班牙人,还有语言甚至政治倾向。如果未来大多数孩子在成长过程中只和同类人相处,那么美国的未来将会是怎样的一种前景?因此,我们必须扭转原先那种对抗的导向,从而在某种意义上来挽救整个教育系统,因为在我看来其处于巨大的危机之中。

彼得·德鲁克: 艾伯特,刚才您谈到了组织管理中的一个关键问题——平衡长期和短期目标。当您介入的时候,必须建立组织生存和发展的长期目标,这已成为关键的长远问题。另一方面,您也必须制定阶段性的目标,比如维护教师在下一届聘用合同中的短期切身利益。您如何来平衡这两者之间的关系?

艾伯特·尚克: 这是相当困难的问题。我们知道如果发生矛盾冲突,教师需要工会的支持。但他们需要一个和管理层合作的工会吗?对这一点,我们当时并不知道。

彼得·德鲁克: 您刚才讲的问题非常重要。这个问题对整个工会运动都非常重要。不只是在美国,在所有发达国家,工会都面临这个问题。而且,这不仅仅是工会的问题。例如,通过展示正在挨饿的埃塞俄比亚儿童,国际慈善组织立即能得到一大笔善款。但要致力于通过发展来防止塞俄比亚发生饥荒,则要花 8~10 年的时间才能取得成果,而这样的工作很难得到支持。还可能在组织成员中产生这样一种倾向:"不要奢谈什么长远目标,这只会让人一头雾水,不知所云,不如直接展示正在挨饿的儿童,这样才会扣人心弦,激发人们的同情心。"但如果这样做的话,组织最终会自我毁灭。在 5 年或 8 年后,公众对此就会感到极度厌倦。我一直在为医院做事，在长达 20 年间，我们一直都在说：医院的长期目标是外出施诊，而非让患者来医院诊治。如果不确立长期目标，医疗实践就会误入歧途，陷入严重的危机。大家都会说："是的，那的确是长期目标，但我们现在可不想那样做。"医生、护士和捐赠者都不愿理会这一长期目标。当病人开始在医院外面接受诊治，绝大多数医院都还没有准备好，从而陷入了绝境，而少数几家积极在外面开设诊所的医院则做得很好。

艾伯特·尚克： 那正是我们刚从一些学校获得的经验。那些追求长期而非短期目标的学校发现短期目标也自然而然地实现了。例如，在纽约的罗切斯特，工会和学校管理层在几年前就开始合作了，并大胆采取几项充满争议的措施，包括让经验丰富的教师来培训新教师以及同事之间相互评估，确定哪些教师来培训和评估其他教师，在试用期结束后最终确定其中哪些教师不能胜任教职。在俄亥俄州托莱多我们也对这些方案进行了试点。当时这两个地区的工会和学校管理层之间存在许多矛盾冲突，发生过罢课、教师外流或跳槽到私立学校之类的情况。通过合作，工会和学校管理层之间的关系得到了极大的改善，双方都愿意调整自己的角色，双方的融洽关系打动了公众。企业界人士说："我们应该支持这些措施。"报纸也开始声援。

结果是，每个学校所在的城市的政府部门和当地教育工会终于签署了条件相当优惠的薪酬合同。最近在罗切斯特签署的合同中规定，在 3 年内一流教师的年薪将接近 7 万美元，而在以前的合同中规定教师的最高年薪是 4 万美元。现在这一切对其他地区正在起着示范作用，正在促进双方以与从前截然不同的方式来处理事情，共同展现了对教育机构的一种奉献精神。

彼得·德鲁克：这一经验对非营利组织的启示是应该关注基本的长期目标。确保组织朝长期目标努力奋进，必定会有所收获。确保明确绩效标准并据此坚守自己的工作职责。

艾伯特·尚克：完全正确。我认为公众会放弃许多公共机构，这是因为他们觉得在这些机构任职的人有工作保障、安全保障、任期保障还有公务员事务规例保障，但他们都没有努力工作。不管是否有效，他们只会墨守成规来做事情。

彼得·德鲁克：但在很多情况下，他们是对的。

艾伯特·尚克：对，他们可能是对的，但即使像学校这种传统组织也能进行改革。

5

小结：实践原则

绩效是任何组织的最终检验标准。任何一个非营利组织存在的目的都是改造人类和社会。然而，对于非营利组织的管理者来说，绩效考核同样是一项十分困难的工作职责。

我时常被问及企业和非营利组织之间有何区别。其实两者之间的差异很少，但都是非常重要的，而绩效可能是其中最重要的区别。企业经常会把绩效定义得非常狭隘——财务的底线。如果那是企业绩效测评和工作目标的所有内容，那么企业的经营状况就不会很好，也不可能长久地生存下去，因为企业的绩效和目标定义得过于狭隘了。然而，企业的绩效是非常明确和具体的。因为根据利润、市场占有率、创新或者现金流量等指标反映出的结果是一目了然的，而且是难以忽略的，所以对于工作究竟做得如何，一般不会存在什么争议。

在非营利组织中则没有这样明确的底线，因此就产生了不重视成果的倾向，也就往往会一厢情愿地认为：我们是在追求美好的理念；我们是在执行上帝的使命；我们所做的工作是为了改善人们的生活，工作本身就是目标成果。但这是远远不够的。如果企业将资源浪费在没有收益的项目上，那么基本上它就会亏损。然而在非营利组织中，所运用的资金是属于别人——捐赠人的，所以社会性服务组织是向捐赠人负责的，负责将资金投入到能够取得成果和绩效的项目上。因此，绩效管理是值得非营利组织的管理者特别重视的。如果仅仅拥有美好的愿望而不顾绩效，将会一无所获。

非营利组织觉得似乎很难回答这个问题：我们组织的具体成果是什么呢？然而，这个问题是可以回答的，而且成果是可以量化的——至少其中的一部分是能够量化的。从根本上说，救世军是一个宗教组织，然而救世军十分清楚从心理和生理上帮助酗酒者恢复健康的比例，也十分清楚所能挽救的犯罪者的比例，这就是明确量化的成果指标。但非营利性部门的许多组织，却不太愿意将成果进行明确的量化。他们认为如果可以确定工作绩效的话，也只能对其进行定性评估。其中一些人还会公然地嘲笑那些试图量化成果的人："你们资源利用得如何？又得到了什么回报？"有时需要有人去提醒那些嘲笑者应该记住《新约圣经》里的智者寓言所揭示的：我们的工作是将我们所拥有的人力资源和资金投入到能够获得高回报的领域。这就是一个可以量化的经典说法。

有不同类型的成果。首先，需要取得短期的成果；然后，在这些短期成果的基础上，进行长期的工作努力。或许很难准确地评估你所获得的成果，但是我们必须以这样的方式来问自己："我们是否有所改善？还可以进一步改善吗？"还要问："我们是否已把资源投入能获得成果的领域？"

我们需要不断地提醒自己：非营利组织的成果所惠及的总是组织的外部，而不是组织的内部。救世军的成果所惠及的是酗酒者、妓女或男娼，以及备尝饥饿的人们；中小学老师的成果所惠及的则是学生。

首先需要明确使命，这是非常重要的。什么是应该被组织及其成员牢记的？使命通常超越当前的实践，但是能够指导并明确当前的实践。一旦我们模糊了使命，我们就会迷失方向，浪费资源。只有确定了使命，我们才能制定具体的目标。

只有确定了非营利组织的关键绩效领域，我们才能真正确定组织目标。只有如此，非营利组织才能考虑："我们所做的事情值得去做吗？我们采取的行动是否依然正确，是否依然必要？"最重要的是："我们是否还能取得非常杰出和独特的成果？我们的聪明才智值得运用到这个领域吗？"接着，你就可以去做下一件重要的事情，那就是要不断地问自己："我们所做的事情是否还处于正确的绩效领域？我们是否应该做出调整？我们是否应该放弃这个领域？"救世军创建于128年前，当时是为伦敦的街头妓女提供庇护所而成立的。因为当时没有人去关注那些不幸的妇女——她们都是一些来自农村在大城市中漂泊的贫困女孩。现在，救世军依然实施救助妓女的计划，但是它已经不再提供食宿来庇护那些"清白无知"的农村女孩。现在，那些农村女孩已经有了就业的能力，不再是无知的，她们已经变得像其他人一样精明能干了。因此，救世军已经舍弃了原先为妓女提供庇护的使命。

非营利组织必须确定在每个关键领域的绩效。必须全面考虑该组织的关键绩效领域，不是只考虑这一类组织，而是考虑这一个组织的，并且将资源集中到每一个绩效关键领域上。

在非营利组织中，每个人都渴望实现理想，但还是时常会面临挑战，正如马克斯·德普雷在本书前面部分接受采访时所谈到的：让人们能够有自由发挥的空间，让他们以自己的方式成长，那么他们将会充满成就感和满足感，并且会有助于提高组织的绩效。这是非常必要的。

只有集中精力而不是分散精力，才能取得成果。像救世军这样庞大的组织，也只是集中实施四五个计划。救世军的管理者应该底气十足地说："这些并不适合我们去做，其他人会比我们做得更好。"也可以说："这些并不是我们所擅长的。"或者说："这些不是我们能做出最大贡献的领域，不是我们真正具备优势的地方。"对于一个非营利组织的管理者来说，其中最重要的事情是要能够承认："这些不是我们所能胜任的，如果我们来做，有害无益。即使社会有这种需求，也并不表明我们就应该介入勉为其难的领域，我们必须进入与自己的实力、使命、重点以及价值观相匹配的领域。"

美好的愿望、合理的政策和准确的决策都必须转化为有效的行动。像"这是我们在这里的目的"这样一种说法，最终必须转化为另一种说法："这是我们的做法，这是我们完成任务的期限，这些是负责的人。换句话说，这是我们所负责的工作。"卓有成效的组织当然不会认为只要制订了完美的计划，工作就会自行完成，也不会认为只要阐述了精彩的政策，工作就会自行完成。与此相反，工作需要实际的行动和踏实的人来完成，需要让人在限定的时间内完成，需要经过培训的人来完成，需要那些受到监控和考核的人来完成，需要那些对结果负责的人来完成。

我认为在一个非营利组织中，无论是对于组织成员还是组织本身，需要反复强调的最终问题是："从成员的贡献和组织的成果而言，我个人应该对什么负责？组织应该对什么负责？无论是组织还是我个人都应该牢记些什么？"

4

第四章

人力资源与关系网络
职员、董事会、志愿者和社区

MANAGING THE NON-PROFIT
ORGANIZATION

1　人力资源决策

2　重要关系

3　从志愿者到义工：利奥·巴特尔神甫访谈录

4　卓有成效的董事会：戴维·哈伯德牧师访谈录

5　小结：实践原则

1
人力资源决策

　　人力资源决策是组织最终的——也许是唯一的——控制措施。人力资源决定了组织的绩效水平，组织的一切活动都是靠人来完成的。除了像弦乐四重奏乐队那种非常精干的组织，一般的组织想招募并且留住非常优秀的人才是不切实际的。所以，只能希望吸引并且留住普通的人才。但是一个卓有成效的非营利组织的管理者，必须挖掘并超常发挥人才本身所拥有的人力资源潜能。人力资源的贡献决定了组织的绩效，而这又取决于基本的人力资源决策：我们应聘用和解雇什么样的人，给他们安排什么样的职位，以及提拔什么样的人。

　　这些人力资源决策质量，并非仅仅是出于公共关系和做表面文章的需要，在很大程度上决定了组织是否正在有效地运行，也决定了其使命、价值观和目标是否切实可行。

有关合理地制定人力资源决策的规则已经很完善了，但遗憾的是，很少有人能够正确地遵循。任何一个管理者，如果从一开始就相信自己很会识人，最终可能会做出很荒唐的人力资源决策。凭直觉和经验来识人往往是不可靠的，那些在人力资源决策方面非常成功的人，所依据的假设非常简单：他们并非识人者，而是严格地遵循一系列的诊断程序。

医学教育者认为，他们最大的问题是出在那些具有良好洞察力的、聪明的年轻医生上。他们必须学会不能仅仅依靠慧眼，还要耐心地通过一系列的诊断程序来查清病情，否则就会误诊。同样地，一个管理者，必须学会不仅仅依靠识人的洞察力和经验知识，还要认真地、一步一步地通过寻常冗长的过程来做出决策。

合理的人员遴选过程应从工作任务出发——仅仅从工作描述出发是不够的。第二，管理者必须扩大所考察的应聘者数量。很多时候，所有的人都自以为知道谁是合适的人选。但是有效的管理者不应该这么主观冲动地做出决定，而是应该观察更多的人，那样才不至于被友谊、偏见或者仅仅是习惯所误导。第三，评估候选人时，关注点应集中在候选人的工作绩效上。不要过分关注个性，也不要去提一些无聊的问题，如他和别人相处得好吗？他有上进心吗？在描述一个人的个性时这些特征可能是有意义的，但是却无法告诉你他的工作绩效。应该提的合适问题是：这些人在前三次工作中表现如何？他们的绩效令人满意吗？第四，应该看看他的专长，在前三次工作中这些特长发挥了什么样的作用？

一旦你做出决定——玛丽·安是合适的人选，那么最后一步，就是去拜访与她一起工作过的两三个人。如果他们都说："我唯一的遗憾是玛丽·安不再为我工作了。"那么就做出最后的决定：聘用玛丽·安。如果他们说："我不愿让她回来工作。"那么你得重新考虑。

确定了工作人选并不是遴选决策过程的最后一步，还应该做的是，在90天以后，把刚任命的人叫过来："玛丽·安，你已经工作90天了，应该好好考虑一下以后如何把工作做得更好，想好了再来告诉我。"当她递交了报告，你可以最后决定是否为这项工作选对了人。

如何发展人力资源

任何组织都必须发展人力资源，一个组织如果不是在帮助成员成长，就是在阻碍他们；不是在培育成员，就是在毁掉他们。幸运的是，在美国，过去40年，即使正式学校教育一直在走下坡路，但是非正式的学习和培训已经有了爆发性的发展。这些非正式的教育从涉及人数和所花费用的角度来看，其规模现在和正式教育已大体相当了。事实上，我希望我们能把大型非营利组织在培训人力资源方面的课程引入学校教育体系中。其中那些最好的组织已经学会了如何测评成员的绩效，并用这些工具方法提高工作产出、扩大需求并进行创新。

对于发展人力资源，我们又知道些什么呢？我们知道得已经相当多了。我们已经明确什么是不能做的，而相对于能做的，那些不能做的事情解说起来要容易得多。所以，我们不能犯低级的错误。首先，你不能基于人的弱点来做事。学校的教育都集中在孩子不能做的事情上。当你去参加家长会议时，你四年级孩子的老师不大可能这样说："约翰尼在写作方面很出色，他应该在这方面加倍努力，更上一层楼。"而更有可能会这样说："约翰尼在算术方面较弱，他需要多背乘法口诀表。"从学校角度来讲那是对的，因为学校不知道孩子 10 年、20 年或 30 年之后会干些什么，因此必须教会孩子基本的技能并改进他们的弱点。但是，如果你想让成员在组织中表现卓越，就必须发挥他们的优势，而不是强调他们的弱点。在人们参加工作时，他们的个性特征已经成型了。你可以期望成年人培养好的工作态度或行为方式，并学习必要的技能和知识，但是你必须根据组织成员已经成型的个性特征，而非以我们所期望的个性特征来安排工作。

其次，不能以一种狭隘而又短浅的观点来看待人力资源的发展。一个人必须为某一特定工作而学习一些特定的技能，但是发展远不止这些，而是涉及整个职业生涯和人的一生，所以特定的工作必须服从长远目标。此外，不要设立接班人。过去曾（在某些组织现在仍然）非常流行，即在新来成员中评选接班的人才梯队。到目前为止，我已经为各类组织工作了 50 年左右，我的经验是：23 岁时的潜力与 45 岁时的表现没多大关系。我认识许多 50 岁左右的世界级风云人物，但他们在 23 岁时毫不起眼。很多商学院的佼佼者，毕业 6 年后就江郎才尽，成了平庸之辈。因此，看人要看其表现，而不是所谓的潜力。

我所知道的最成功的人才培育者是一所大教堂的牧师，一大批一流的领导者都是从那里培养出来的。所以，有一次，我向他请教教堂是如何成为人才培养基地——志愿者组织领导者的摇篮的，他告诉我这个教堂竭尽全力为这些需要学习的年轻人提供四项服务：（1）导师精心督促；（2）教师传授技能；（3）评估专家测评进展状况；（4）鼓励者鞭策激励。

接着，我问他在这四个角色中扮演哪个角色，他回答说："我是鼓励者，给年轻人急需的帮助，当然这个角色只有最高管理层能扮演好。我希望人们犯些错误，不然就不会有所发展。当有人跌得鼻青脸肿时，必须有人伸手去扶一把，并鼓励他继续前进。这就是我的角色。"

非营利组织的管理者可以提出高标准严要求，关注实际表现而不是潜力。人总是倾向于放低标准，而不是提高标准。所以，对初学者来说，可以多花点时间，也可以寻求帮助指导，还可以进行多次反复的努力尝试，但必须坚持并达到高标准、严要求。

我知道有两个法则可以帮助我理解应该做些什么。其中一个是残障人士协会的标语："不要雇人去做他不能做的，而应让他做能做的。"应让盲人去做需要对声音敏感的工作，对于那样的工作来说，眼盲是非常重要的条件。另一个法则是我11岁时学到的。有一次，我的钢琴老师十分恼火地对我说："德鲁克，你永远都不可能有伟大的钢琴家那样广的音阶去弹奏莫扎特的曲子，但你没有理由不根据自己的音阶去弹。"

非营利组织的管理者必须学会如何利用一个人的优势。一位非常伟大的领导者——乔治 C. 马歇尔将军是第二次世界大战时美国军队的总参谋长，他在这方面做得非常出色：总能在合适的时机把合适的人放在合适的位置上。他曾任命600人去担任高级军官、师长等，几乎都能恰到好处，而这600人之前并没有指挥过军队。任命之前先要进行讨论，助手会说："某某上校是我们最好的军事训练官，但他从来都不能和他的上司好好相处。如果让他到国会作证，会捅出娄子，他太粗鲁了。"马歇尔接着就会问："工作任务是什么？训练一个师？假如他是一个一流的训练者，让他去干，剩下的由我来做。"结果，他在最短的时间内几乎没犯什么错误，就创建了全世界有史以来最庞大的军队：1300万人的军队。

从中我们能学到的是：首先应该关注组织成员的优势，再制定严格的标准要求，然后花时间和精力去评价组织成员的绩效。和大家一起坐下来讨论："这是你和我一年前所承诺的事情，你做得怎样了？你做得好的有哪些？"

总而言之，使命必须清晰简洁。使命必须超越任何人的能力，必须提升成员的见解，必须使人感到能做出独特的贡献。这样的话，人们就可以说：我不是在碌碌无为地生活。

组织做得最糟糕的一件事就是把社会等级制度引入组织中，从而限制了自身人力资源的发展。这就像现在有些组织很早就决定将来会提升哪个人，或是假如你没有哈佛商学院的 MBA 文凭就无法得到什么职位。决定因素是工作绩效，而绩效是指一系列工作的总体绩效，并非某项工作的绩效。这是因为仅凭一项工作的绩效往往无法确定一个人的真正水平。例如，你给某个人安排一项特定的工作，但由于同事之间没有达成默契，结果并不尽如人意。有人并不总是能和老板相处得很好，因此，你可让他试试另外一份工作。传统的法则是：如果相互之间努力配合，那就让他们一起工作；如果相互之间不配合，最好让他们去竞争。

非营利组织的一个优势是，组织成员不是为了生存，而是为了理想而工作（并不是每个人都如此，但确实有很多人是这样的）。这也为组织创造了一个极具责任心的团队。为了保持追求理想的激情，不要让工作变成例行公事。我觉得似乎医院在保持这种激情方面做得最差，许多工作只是在敷衍地例行公事。部分原因是医务人员需要自我保护，避免感受病人的痛苦，因此变得铁石心肠。领导一家医院所面临的挑战——对一个优秀的院长和护士长来说，是把五六个主要部门的医务人员召集起来反复讨论："我们有什么值得自豪的？我们在哪些方面确实做得与众不同？如果我们一夜之间收治了六个心脏已经停止跳动的病人，经抢救治疗后没有一个死去，那就是成功了。"因此，医院必须关注成功。

在美国加利福尼亚州帕萨迪纳市的希望之城，离我住处不远有一个儿童癌症医院。那里的气氛非常愉悦，他们所关注的是，让那些频临死亡的备受病痛折磨的孩子尽可能地享受童年的欢乐。尽管很难完成，但每个人都感觉到了这是一个神圣的使命。医护人员的大多数工作也只是擦洗孩子呕吐物，然而大家都认为所做的事情是很重要的。

这种使命感应该成为任何一个非营利组织的巨大力量源泉。但这是有代价的，非营利组织的管理者总是不愿意解聘效率低下的成员，总认为他是志同道合的战友，并为其编造各种挽留的理由。所以，我觉得有必要再一次重申这样一个简单的法则：如果他们努力了，就值得给他们另一个机会；如果他们不努力，就必须让他们走人。

卓有成效的非营利组织还必须时刻扪心自问："我们的志愿者获得成长了吗？他们是否能够以更开阔的视野来看待使命并获取了更多的技能？"非营利组织没有把为他们工作的人看作一种静态的不变资源，而是动态的和不断成长的资源。在许多方面，成功的组织和女童子军的做法是一样的。就像女童子军以女孩的发展作为测评组织绩效的标准一样，它们以本组织的正式成员和志愿者的发展作为组织绩效的测评标准。若要确保志愿者能够承担起责任，必须使之能够自由地展翅翱翔并有自主决策权。在童子军中，志愿者在刚开始时可能是小队长、野营领导和教练；然后，他们接受分配的任务，领导团队和编制材料手册；最后，他们会进入地方性和全国性组织的领导层。

发展人力资源最重要的方法是把组织成员当成教师，没有人能比一个好教师学到更多的东西，选择某人来当教师是最好的赞誉。不论你是和推销员还是红十字会工作者交谈，你都会发现没有比提出"告诉我们您工作成效斐然的秘诀"这样的问题更让人心情愉快的。

比起志愿者，最后一个人力资源发展的方法更适合全职员工。对全职员工而言，他们更易受到组织内部的熏陶，但这样会影响其健康成长。应该让他们到外面去，例如去当地的高中或大学接受成年教育。

有一个普遍的抱怨：许多老板不是真正地想要那些做得出色的下属，因为他们会感到压力。但出色的下属恰是一个卓有成效的组织所需要的，也正是一个志愿者组织的优势所在。志愿者即使做得再好，目的也并非在于要得到领薪的管理职位，因此他们就不会被看成是一种威胁。早年有一个关于交响乐团的故事，该交响乐团是在100年前，即19世纪和20世纪之交的前夕，由一位伟大的作曲家古斯塔夫·马勒（Gustal Mahcer）在维也纳创建的。他对乐曲演奏者提出了非常苛刻的要求，以至于这个乐队的常客——国王召他问话："难道你不觉得太过分了吗？"马勒回答："陛下，和其他音乐家对我的要求比起来，我对他们的要求算不了什么，因为其他音乐家的演奏比我好多了。"想给演奏者增加压力，你希望他们会这样来问：为什么我们不能做得更多？为什么我们不能做得更好？

组 建 团 队

越是成功的组织越需要组建团队。事实上，由于没有组建团队，即使高层管理者具有卓越的能力，员工具有强烈的奉献精神，非营利组织还是会频繁地失误甚至迷失方向。尽管高层管理者才智超群，员工鼎力相助，上下齐心协力，但组织职能的发挥还是非常有限。组织的快速成长，很快就会超越个人的能力极限。然而团队并不会自行发展，需要进行系统的努力建设。

要组建成功的团队，不能从人员着手，而应从工作着手。首先需要考虑：什么是我们想努力促成的事情？接着需要考虑：什么是关键的活动？我曾从旁观者的角度观察过，一个卓有成效的管理团队是如何来组建美国发展最快的工会组织。高层管理者是个极端的自我为中心者，但他知道如何问正确的问题：什么是我们想努力促成的事情？答案是：我们想努力组建在医院做劳务工作的没有一技之长的低薪工人的劳工组织。第二个问题是：取得成果所必需的关键活动是什么？然后，到此时你才可以问：每位高层管理者各有什么优势？成功所必需的关键活动与组织成员的技能互相匹配吗？事实是，在一年之内，他们就组建了团队，工作开始向前推进；不到 10 年，工会会员就从 5 万人发展到近 100 万。每位团队成员都知道应该做些什么，同样重要的是，每位成员都知道其他成员将做些什么。概而言之，确定个人的优势，然后把优势和关键活动结合起来，并给团队成员分配适当的工作开展活动。

有一个普遍性的误解，即认为由于每个成员在同一团队里，其思维和行动的方式都应该是相似的。其实不然。组建团队的目的在于发挥每个人的优势，弥补抵消各自的弱点。当然，团队也要有统一的领导管理，关键是要关注团队绩效，把个人优势统一成共同的行动。

个人工作成效

一旦个人优势和关键活动达成适当的匹配，接着要考虑的是如何在组织中达到个人的成效。有两个关键点值得重视：其一是每个人都要明确自己将要做什么，不可漫无目的；其二是应该仔细考虑如果要做好本职工作，需要具备什么条件。这就需要去考虑与做好工作相关的所有其他人——上级、同事伙伴和下属等，并要这样想："你做的这些事情对我是有帮助的，而你做的那些事情会妨碍我。我做的哪些事情会有助于你？哪些会妨碍你？"处理好这些问题，在80%的情况下，就能够有效地开展工作了（不要仅仅把这些问题写在备忘录上，应去实地调查访问）。

如果一个人能够每隔6个月就按上述步骤把问题处理一遍，就会发现绝大部分工作障碍都消失了。管理者的首要职责是使那些想做好工作的人、领薪做工作的人、具备技能做好工作的人，能够顺利有效地做好本职工作，给他们提供必要的工具和信息，消除阻碍和延缓他们进度的各种障碍。要确定这些方面的唯一方法是进行实地调查访问，而不是坐在那里凭空猜测。

随着组织的成长，非营利组织的主管还要积极鼓励各级成员自我反省：什么是我们的高层管理者必须了解的——我称为培养老板。这样会促使员工超越本职工作、所在部门和地域的局限，培养组织的整体凝聚力和全局意识。

艰 难 决 策

古话说，每个士兵都有权要求指挥有方。卓有成效的非营利组织的主管有责任为组织物色有才干的成员，因为这是取得一定水平的绩效所必需的，而让无能者留在组织内，则意味着降低组织绩效和放弃组织理念。

一个普遍性的问题是，如果一个人在同一工作岗位上做了 20 年，那么他对这一工作就不会有什么激情了。当然，一流的艺术家永远都不会对工作感到厌倦，但我们其余的人，如果做了很久同样的工作，通常都会厌倦的。解决的方案是"换岗"——换个工作环境。我经常看到财务总监离开企业去医院就职，还是做同样的工作，只是工作语言略有不同，然而不同的是，面前的同事突然变成了 20 岁的年轻人。工作激情耗尽的中年人，通常需要的也只是重新焕发对生活的追求。

困难的是非营利组织的主管经常会面临这样的矛盾，即同时确保竞争力和同情心之间的矛盾。但如果主管对此一直犹豫不决，造成的伤害会更大，还不如干脆说："我们用错了人，我解雇了他。虽然这会造成伤害，但我还是解雇了他。"这样通常会更加明快、利索，并且会少一些痛苦。

继承人决策

最重要的也是最难做出的人事决策，是决定最高主管的继承人。之所以非常困难，是因为每一次这样的决策简直就是一次赌博。要检验最高领导者的绩效，唯一的方法是让其在这一职位上实际做做看，而且很少有什么准备时间。每次选举美国总统时我们都祈求上帝保佑美国，其他的高层人事决策也同样如此。

不要去做的事情是相当简单的。你需要的不是即将离任首席执行官的克隆版。如果即将离任的首席执行官说"乔（或玛丽）就像 30 年前的我"，这就是所谓的克隆版，克隆版总是弱小的。我们毋须怀疑在老板身边跟了18年的忠实助手，能够揣摩到老板的每个心意，但他从来都没有独立地做出过决策。一般来说，愿意并有能力自主决策的人是不会在这个位置上待太久的。待得太久，意味着离"皇冠"越来越远。这样的人，十有八九都是不愿承担重任的，因为一旦接受重任就意味着必须取得实绩，必须经得起考验，犯些错误也在所难免，但他们只是些喜欢抛头露面而不是踏踏实实做事的人。

什么是解决继承人问题的有效方法？首先应该要看任务目标。这所社区大学、这家医院、这个男童子军组织、这间教堂，在以后几年将要面临的最大挑战是什么？然后再考虑人员和绩效问题。应该把组织需求和候选人过去做出的实际绩效结合起来考虑。

最后，决定非营利组织成败的关键，是组织应具备吸引并留住具有奉献精神的成员的能力。一旦丧失了这种能力，组织就会走向衰亡，这是很难挽救的。

我们对所需要的合适人员有吸引力吗？我们能够留住他们吗？我们在培养他们吗？我认为你应该考虑关于组织人力资源决策的这三个问题。我们能够吸引那些我们愿把组织托付给他们的人吗？我们正在培养他们，使他们以后能够超越我们吗？我们在设法留住他们、鞭策他们和赞誉他们吗？换言之，在制定人力资源决策时，我们是着眼于创建美好的明天，还是仅仅为了今天过得舒适一点？

2 重要关系

非营利性和营利性组织（企业）的一个最基本的区别在于：典型的非营利组织拥有更多至关重要的关系网络。除了极具规模的企业，其他所有企业所涉及的重要关系很少——也就是员工、客户和业主这些了。而非营利组织却都有很多利益相关者，并且必须与每一个都处理好关系。

应该先从董事会着手。在绝大多数企业里，董事会对企业日常经营漠不关心，直到发生了危机才会重视。在典型的非营利组织中，情况恰恰相反，董事会密切介入组织的日常运作。确实，非营利组织的管理者和组织成员常常会抱怨董事会过于介入管理事务，董事会的职能和管理层的权限经常发生冲突。因此，管理层常常会抱怨董事会"干涉内政"。

要成为高效率的组织，非营利组织必须要有一个强势的董事会，但是董事会应该做好其职能范围内的事务。董事会不仅要帮助组织明确使命，还要成为使命的监护者，确保组织履行对使命的基本承诺。同时，董事会有责任确保非营利组织拥有精干的管理层——并且是合适的。董事会的角色是评估组织的绩效。当组织陷入危机时，董事会成员必须成为"消防队员"。

同时，董事会也是非营利组织首要的基金筹集者——这一重要的角色在营利性组织中是不存在的。如果董事会在募集基金上不积极地起带头作用，就很难筹集到组织所需要的基金。就我个人而言，我比较欣赏这样的董事会：不仅能从别人那里筹集到资金，而且成员自己还能带头捐赠，并且捐赠得最多。

一个深谙自己的真正职责并为自身绩效设定目标的董事会，是不会"干涉内政"的。但是，如果不明确自身职责，那么董事会就会事无巨细地过度干涉管理层的内政，而对自己的工作职责却从不履行。

无论在什么地方，我所见过的非营利组织中，如果董事会是强势的并且是领导有方的，那么首席执行官就要承担重任——不仅要把合适的人选引入董事会，而且还要使他们融入团队并为他们指明正确的方向。以我的经验看，首席执行官是董事会的核心人物，这也许可以说明为什么我所见过的强势而有效的董事会几乎都是通过提名任命而产生的，而在合作型组织中则很少看到真正强势的董事会。例如，董事会在合作型组织中是由会员通过选举产生的。在这种组织中，董事会主席无权提名谁进入董事会。通过这种方式产生的董事会可能代表这一部分或那一部分成员的利益，但不能代表整个组织的利益，至少以我的经验看是这样的。在这些董事会上很容易出现各种各样的问题，比如喜欢争权夺利的人就会滥用董事会职权来谋取私利或压制不同意见，搞一言堂。

在非营利组织的董事会办公室的门上，应该用大字写上这样一句话：董事会成员拥有的不是权力，而是责任。一些非营利组织董事会的成员，仍然认为他们和以往就任医院董事出于同样的原因——社区人们的赞赏，而不是因为其对服务承担的义务。作为董事会的成员，就意味着肩负责任，不仅对组织，而且对董事会自身、组织成员以及组织的使命都负有责任。

任期的年龄限制带来了一个颇有争议的问题。对于许多已经从其他职位上退休了的老年人来说，参与服务性组织的董事会是其最后的活动。因此，他们对参与董事会相当坚持。我一直反对任期的年龄限制，然而提到董事会，我勉强赞同这种观点——那就是最好把管理层的任期限制在两届，比如每届3年，任完一届，3年后还可以再次参与董事会。但是到了72岁左右，就得离开董事会，并且是永远地离开。

另一个普遍性的问题就是董事会内部存在着严重的分歧。每当遇到问题时，董事会成员就会站在各自的基本政策立场上针锋相对，导致分歧无法消除。这种情况更有可能发生在非营利组织，因为使命对其而言确实是非常重要的。以我的经验看，董事会的角色变得越来越重要，同时也越来越具争议性。就这一点而言，董事会主席和首席执行官之间的团结合作就显得极其重要。

双 向 关 系

只有双向的关系才能发挥作用。每个组织都期望拥有明星成员而且确实也需要明星成员，但是在一场精彩的歌剧表演中，明星离不开普通演员的配合。演员们齐心协助明星，而在伟大的歌唱家进行精彩的演唱时，支持陪衬的演员们也变得光彩夺目。因此，每个演员都突然有了一个崭新的角色。这是卓有成效的双向关系所应该获得的效果。

在着手创建涉及员工、董事会、社区居民、捐赠者、志愿者、大学校友的双向关系网络时，卓有成效的非营利组织的管理者应以这样的方式提问："你有什么要告诉我的吗？"而不是说："这正是我想告诉你的。"前面那种提问方式能够使问题摆到桌面上。有趣的是，当把一直令人极度困扰的问题开诚布公地摆到桌面上时，会发现大多数的问题其实并没什么大不了的。我的一个朋友称这种问题为"鞋子里的沙砾"，没有必要进行诊断治疗。很显然，卓有成效的双向关系把很多问题变成了"鞋子里的沙砾"。

检验一种关系的真正标准并不在于它能够解决什么问题，而在于尽管存在问题，但它还是能够发挥良好的作用。虽然存在的问题并不是毫不相关的，但至少这些问题不会妨碍那些重要的关系。

社 区 关 系

护士上门服务、癌症协会、社区大学以及其他一些非营利组织，都为某个具体的社区服务。每个组织通常都必须与政府部门、社区内的其他组织以及社区普通居民维持一定的关系，这不是公共关系（尽管最好能保持良好的公共关系）。要保持良好的社区关系需要服务性组织遵循使命，这就是为什么志愿者非常重要的原因，因为志愿者生活在社区中，而且以自身的实践行动展示组织的使命。卓有成效的非营利组织培养志愿者，使其能在社区中充分地展示组织的使命，还应该想方设法让志愿者能够及时、顺畅地将对社区工作的意见反馈给组织。

我知道有个地方，有三家医院在那里相互竞争。社区居民对其中的一家医院评价很高，但根据客观的评价，这家医院可能是三家医院中最差的。那家医院到底做了什么而使自己在居民眼中显得这么突出呢？在某病人出院两星期后，医院会有人打电话来问："史密斯夫人，我代表纪念医院（Memorial Hospital）打电话给您，想了解一下您现在的身体状况怎么样了？"如果史密斯夫人回答说她的情况不是很理想，恢复得很慢，那么医院会在三个星期后继续打电话询问。到了年底，她收到一张从医院寄来的日历，上面写着：我们希望再也不用在医院里见到您了，但我们依然关心着您。这令人备感亲切温馨。每个人都会认为那纯属例行公事，但是医院恰到好处地传达了社区居民希望能从医院那里获得的问候：我们一直在关心您！

很少有服务性组织能够了解谁是他们的"校友"——以前的病人或毕业生，我认为这是非营利组织的管理者能轻易提高组织在社区中地位的一个突破点。况且，这只是举手之劳而已。

3

从志愿者到义工:利奥·巴特尔神甫访谈录[1]

彼得·德鲁克: 请问利奥神甫,尽管贵教堂现在的牧师和修女人数比原先少了很多,但您的主教教区的服务规模和范围还是得到了巨大的扩展,是这样的吗?您是如何实现鱼和熊掌两者兼得这一奇迹的?

利奥·巴特尔: 部分原因在于,我们雇用非宗教专业人士来做以前由牧师和修女负责的工作,但最主要的是通过志愿者来承担更多主教管区的工作,以扩展我们的服务规模和范围。目前,我们有至少2000个志愿者在为主教管区工作,当然其中大多数是女性。

彼得·德鲁克: 这是最新的情况吗?我还以为在天主教堂一直都有很多女

---

[1] 利奥·巴特尔神甫是美国伊利诺斯州罗克福德天主教主教管区社会部(Social Ministry of the Catholic Diocese)的代理主教。

性志愿者。

利奥·巴特尔： 当然。但是过去的志愿者只是"协助者"，而现在的志愿者则是"同事"。实际上，我们不应该再称她们是"志愿者"了，她们已经成为真正的"义工"。她们当中的很多人现在已经成了教堂工作的领导者。

彼得·德鲁克： 您的意思也就是说，女性志愿者在40年前只是做些为复活节布置百合花之类的杂务，而现在做的是教育或照顾学前儿童，或是在医院里接待患者，或是主持教区会议吗？

利奥·巴特尔： 完全正确。这对我们来说是一次真正的转折。

彼得·德鲁克： 过去您是如何管理她们的？

利奥·巴特尔： 对于义工的需求是很明显的，从教区一级的情况来看尤其如此。我认为，在修女人数不够，无法为年轻人开设宗教课程时，对义工的需求就开始直线上升。现在甚至有时连去指导宗教课程的教育工作的修女都没有。因此，我们开始请非宗教专业人士来做这项工作。在刚开始时这只是作为权宜之计，但后来我们发现，这不仅对我们来说是件好事，而且在很多方面它也增强、激励了志愿者，并丰富了那些来帮忙的当地居民的生活。因此，牧师可以邀请人们参与宗教课程的教授工作——然后我们设法提供力所能及的各类培训和支持以使这些义工能够胜任各项工作——比如周末研讨会、宗教课程主任培训班等。

我们还举办一个叫作罗克福德地区宗教教育研讨会（Rockford Area Religious Ed Conference）的活动项目，目前在我们教区很有名气。我们的非宗教专业教师都来到罗克福德参加为期三四天的研讨会。除此之外，目前我们还开设——由主教管区主办的——非专业牧师领导培训课程，从各教区组织能够胜任并对宗教事务有浓厚兴趣的非专业人士参加。在培训之后，授予他们教区领导资格证书。

彼得·德鲁克：您给志愿者们提供了多少培训？是何种类型的培训呢？

利奥·巴特尔：非专业人士领导课程的正式培训需持续两年时间。我们开设了七门课程，内容涵盖了从圣经到沟通技巧、传教到神学等方面。这项培训计划的目的在于培养那些已经显示出这方面能力的非专业人士，通过培训来提高其工作效率和专业素质。

彼得·德鲁克：这听起来是些很严格的培训项目，似乎和以前皈依宗教的课程没有多大区别。

利奥·巴特尔：事实上，它们是非常相似的。

彼得·德鲁克：有多少人在参加这项培训项目呢？

利奥·巴特尔：目前有 100~120 人。

彼得·德鲁克：辍学率是多少呢？

利奥·巴特尔：目前还非常低。

彼得·德鲁克：这真是一项很了不起的成就，这永远都是一项非常有必要的培训项目。

利奥·巴特尔：德鲁克，如果现在让我来说，作为一个牧师，尤其是作为一位教区的牧师，最使我激动的一件事是什么，那就是由于非宗教人士加入到牧师行列，使得接受上帝抚慰的人越来越多，并且他们也非常渴望接受上帝的恩泽。

彼得·德鲁克：志愿者拥有共同的信念和奉献精神，而您则给他们提供了培训。但是利奥神甫，您是如何保证课程质量的呢？

利奥·巴特尔：德鲁克，对于我来说，保证良好的课程质量是因为大家有共同的信念，这些人是真正具有奉献精神的，我们可以信赖他们的美好信念。

彼得·德鲁克：作为培训项目的指导者，没有比知道应该做些什么更重要的了。

利奥·巴特尔：事实是，如果人们适当地被激励——并且是深度的激励，提高能力就成了自身的迫切需求。当我请人们为教区提供服务时，最大的困难就是他们总是痛苦地意识到自己缺乏经验和技能。如果我们能够给他们提供这样一种经验和技能的培训，他们会很热切地去学习。

彼得·德鲁克：因此，您的意思是说志愿者所缺的不是能力，您所担心的是他们缺乏自信，您得鼓励、表扬、帮助并坚定地支持他们，剩下的就由他们自己去做了。

利奥·巴特尔：除此之外，我们还给他们制定高标准，对他们有很高的期望。我坚信，人们会努力地做到不负众望。我尽力对志愿者寄予厚望，在很多情况下，他们把这种厚望当成某种激励。当我期望他们做得更好时，他们都感到很自豪。工作了一段时间后，他们都会回来寻求不断改进的方法，并渴望得到锻炼的机会，使自己变得更有能力。

彼得·德鲁克：在您直接管辖的学校和医院里，您是怎么做到这一点的呢？您会和他们坐在一起制定标准和目标吗？

利奥·巴特尔：我们运用很多种常用的管理工具，会花时间一起制定和明确我们共同的使命、理念以及重要的事情。然后，我们会非常仔细地为大家安排时间来相互探讨所面临的困难和取得成功的心得。通过这样的讨论，加深他们对正在从事的工作重要性的认识。

彼得·德鲁克：因此，您没有把他们当成"志愿者"，而是组织成员。他们和正式成员唯一的区别就是他们是兼职的，并且是无偿的。但是，至于绩效的标准要求，无论是志愿者还是正式组织成员，都是一样的。

利奥·巴特尔： 完全正确。对能力的要求也是一样的。

彼得·德鲁克： 利奥神甫，对于那些不管怎么努力，都无法做好工作的人，您会采取什么措施呢？

利奥·巴特尔： 有时我会找到某人，并跟她说："玛丽，很遗憾，事情没能如你所愿地完成，我知道你对结果不满意，我们能谈谈这件事吗？"

彼得·德鲁克： 也许对很多人来说，这是一种解脱。当事人非常清楚自己并不适合做这份工作，但是却无法面对这一切，于是来跟你说："给我换份工作吧。"这样的话，他们会觉得愧对教堂。

利奥·巴特尔： 这应该不是个问题。

彼得·德鲁克： 您走过去对她说："我们已经考察过了，您擅长做另外一份工作，不适合做这份工作。"您这样做，才是真正在帮助这个员工，但很少有管理者会明白这一点，大多数都在设法回避问题。

利奥·巴特尔： 安慰的话总是很容易说的，但是要说一句让人丧气的话确实需要很大的勇气。给某人换一个工作岗位同样需要很大的勇气，因为领导者都知道这会使员工丧失信心。但在很多情况下，对员工来说，这反而是一种解脱。

彼得·德鲁克： 神甫，我可以转换一下话题吗？我想问，您现在是否碰到过人力资源发展和管理上的问题？也许不仅是有关志愿者的问题，还有其他一般人的问题？

利奥·巴特尔： 在这方面确实存在很多问题。其中有两个问题是我此刻所面临的：其一是有关激励的问题，即如何去激励那些没有经验的人？另一个是有关组织方面的问题：当人们想要参加理事会或董事会时，我们如何说服他们去做文书、计划工作，以使他们在理事会或者董事会上的工作更有成效？

彼得·德鲁克： 我并不经常能回答得了您的问题，但很荣幸您问的这两个问题是我能回答的。这两个问题是紧密相连的。如果您要谈如何激励没有经验的外行，我要告诉您这个问题本身就是错的。我们都知道如何来激励领导者。我曾经帮助管理过一个快速发展的职业学校。我必须聘请从未教过书的年轻人，必须让他们去教许多有着过分要求的高年级学生。这些缺乏经验的老师都来问我："我该怎么做呢？"我说："必须抓好班里前10%的尖子生，假如你抓不好这些学生，那你就教不好全部学生。如果10%的尖子生都在发奋学习，那么一般的学生也会跟着学。"这就是要求的底线。如果无法激励那部分尖子生，就抓不好全部学生。因此，您举办志愿者培训班是非常明智的，您正在创建成功者团队。您做了很多像圣·保罗曾经反复试图唤醒那些麻木之人的工作。

接下来，第二个问题，有关制订教区理事会及教会学校董事会的计划问题。作为首席执行官和教区牧师，您必须确保其切实履行应尽的职责。董事会必须制订工作计划，要具备领导能力，了解教区对他们的需求是什么。董事需要有人这样来告诉他们："你们是教区居民的朋友，我们需要从你们那里得到这些帮助。我们需要计划，不需要你们做具体的工作，但需要你们制订计划。"而我，作为教区牧师或者主教管区牧师，需要有能够自由交流沟通的人。教区需要你提前制订下一年的集资活动计划，你必须详细考虑我们是否有必要重建六年级的校舍，以及是否应该重新开办15年前被迫停办的初中或高中？学校建筑物还在，但我们有的也不过如此而已。这就是董事会要做的。

然后，董事会就应该分配具体的任务了。有的说："路易斯，你愿意去罗克福德和利奥神甫坐下来谈一下我们这里所碰到的问题吗？我们还需要点资金来做这项或那项工作。"这就是工作任务的分配。

通常，非营利组织不太会运用这一巨大的资源，即董事会的活力、意愿和奉献精神。结果，董事会就变成多管闲事的干涉者。首席执行官应该这样认为："这是董事会的工作，也是理事会的工作。"如果首席执行官不这么做，董事会就会是一盘散沙，将一事无成。

利奥·巴特尔： 您刚才所说的一番话对我有很大的帮助，那正是我一直所关注的问题。我们正在考虑恢复董事会的活力。刚才谈到的诸多因素，目前对我来说是非常重要的，因此您的这一番话对我帮助很大。

彼得·德鲁克： 对于那些缺乏经验的人，我们别忘了耶稣当初也只不过带了12个门徒。假如耶稣带了60个，他就不可能做得那么好了。刚开始教12个门徒时，耶稣也是很困难的，只能反复地教导弟子："你能理解吗？"对于那些随意挑选的还很年轻的门徒，耶稣甚至会花更多的时间来悉心指导。因此，要培养领导者，应该明白在人类事务方面存在着这样一个规律：领导者和普通人之间的差距是永远存在的。在体育、音乐以及其他任何方面，您都可以看到这种差距的存在。领导者的工作职责就是通过示范确立高标准。如果某人能够做到，其他任何人通常也能够做到。

利奥·巴特尔： 一旦有人做了第一次，第二次也会有人能够做到。这使我想起了4分钟跑1英里的故事。

彼得·德鲁克： 我回想起从前人们都认为5分钟跑1英里超出了人类的能

力极限。当我在上高中的时候，我们都认为："在 5 分钟内跑完 1 英里？伟大的上帝还没能够创造出比这跑得更快的人呢。"20 世纪初，在一个阳光明媚的日子，一位芬兰人打破了这个记录，六个星期之后，我们大家的 1 英里的跑步都快了 6 秒。这就是人类发展的规律。

我们来换个话题：您在管理不同类型的志愿者时有指导性的原则吗？或者越来越重要的原则？

利奥·巴特尔：我做得最多的就是要确保每个志愿者的尊严，并把这作为最主要的指导原则。作为上帝的子孙，任何人都具有同等的尊严，而且在我看来最重要的是使每个志愿者每天都能明确这样一种认识：他们对于上帝来说是非常重要的，他们对我来说也是一样的重要。

另外，这还与任务有关。如果一个人不能完成预期的任务和履行肩负的职责，就不会有自我尊严。作为管理者，一方面，最重要的是我必须牢牢记住他们都是上帝的孩子；另一方面，还必须记住，如果他们不能够很好地承担起分配给他们的职责，就不太可能会理解和意识到这一点。因此，就我而言极其重要的是，我必须做到我所能做到的一切，并且提供教堂所能够提供给他们的一切，这样的话，我的这些同事就能够实现他们的目标了。

彼得·德鲁克：第二次世界大战期间，我的一位导师曾经对我说过："年轻人，等你再成熟些，你就会明白一个人不仅需要圣·保罗，还需要圣·詹姆斯。"每个人都应该有忠诚的信仰和自己的成就，这是您刚才所表达的意思吗？

利奥·巴特尔：完全正确。

彼得·德鲁克：这是一个很深刻的哲理，这是在管理人时必须明白的原则。

但是您还告诉我您是如何使人——作为上帝的创造物，切实树立起维护自己尊严的信念。您的工作就是帮助人们实现这一目标。

利奥·巴特尔： 那些经常缺乏自信以及在事业上饱受挫折的人，绝不会有什么尊严感以及自我期许。如果他们失败，那么我也失败了；他们的成功也是我的成功。

彼得·德鲁克： 是的。没有什么是比帮助人们做好正确的事情更有成就感的了，这或许是对领导者最好的定义。

4 卓有成效的董事会：戴维·哈伯德牧师访谈录[一]

彼得·德鲁克：戴维，您在富勒神学院建立了卓有成效的董事会，您如何看待非营利组织董事会的职能问题？

戴维·哈伯德：我们需要把学校、医院、教堂及其他非营利组织的管理都看作董事会和专业职员之间的合作伙伴关系。我可用一个并列的组织结构图来说明这种关系：一边是受托方——董事会，另一边是专业职员，中间则是总裁办公室和管理团队的其他成员。这三者既是权力中心，也是责任中心。我的任务就是促进三者的理解、合作和联系，并确保他们齐头并进，免遭分裂或冲突。

[一] 戴维·哈伯德（David Hubbard）牧师是美国加利福尼亚州帕萨迪纳富勒神学院的院长。

彼得·德鲁克： 董事会的角色，有什么特别的含义吗？

戴维·哈伯德： 董事会需要认识到组织为其所有。但是，董事会拥有该组织不是为了自身的利益，而是为了完成组织所要履行的使命。尽管他们是有投票权的股东，但从严格意义上讲，董事并不真正拥有组织的所有权。从形式上讲，他们代表广大股东掌握组织的所有权，是出于他们对组织的关心。我敢说对于董事会的所有权含义经常存在误解。实际上，董事会是以合伙的形式拥有组织的，因为从某种意义上讲，一个组织是属于其他更多人的。

彼得·德鲁克： 那么您是如何创建这种合作伙伴关系的呢？

戴维·哈伯德： 合作伙伴关系的创建自然始于阐述组织使命的诠释方式。使命本身的阐述需要有足够的包容性，使其具有一定的灵活性。也就是说，使命要能够适时调整。然后你需要有乐于接受这一使命的组织成员。一旦你发现董事会变得冥顽僵化，就需要寻求有效的途径重组董事会，比如委派新的董事或任命两三个关键人物来改变董事会的权力平衡关系。权力越是集中在董事会的少数几个人手中，组织出现问题的可能性就越大。

有许多组织建立了每隔三五年董事就要自动离职的轮换机制，这种机制受到了广泛的赞同。富勒神学院的董事会则没有这样做，我们采取了一种更为严格的措施——在董事任期结束时对其绩效进行评估。如果我们认为某位董事在列席会议、参与活动、管理工作或领悟能力等方面表现卓越，就会征询其意见，问他是否愿意继续为我们的组织服务。如果他不愿意，我们会感谢他的服务，并告诉他我们将另聘其他人接替其工作，或许新任董事能为我们带来所需要的其他素质。我们在绩效评估方面是公平合理的，但是对于表现卓越的董事，我们希望他们能够提供长期持续的服务。因为在高等教育领域，持续性是十分重要的，掌握组织的运作机制需要很长的时间。而且，在资金捐赠、不动产规划或部分不动产出让这些方面，越是年纪大的人就越随心所欲。

彼得·德鲁克： 谁掌握任命的决策权？

戴维·哈伯德： 董事工作委员会。这个委员会由六名资深董事组成，通常他们根据首席执行官的建议来做出决策。

彼得·德鲁克： 您和这个委员会的工作关系密切吗？

戴维·哈伯德： 非常密切。

彼得·德鲁克： 您曾提到过董事会的另一项职能——资金筹集职能，您是否把董事会看作筹集资金的领导者呢？

戴维·哈伯德： 我们确实这样认为。实际上，也许我可以简单地描述一下我是如何看待董事职能的，让我们来一项一项地具体谈谈。首先，董事是管理者。当他们围坐在会议桌旁，投票表决是否采纳"我提议……"的意见时，就是在发挥管理的职能。其次，董事是捐助者，在此他们扮演的是捐赠和筹集资金的角色。同时，他们也是组织的外交大使：向外诠释组织的使命；当组织面临困境时保护组织；在利益相关者和社区面前代表着组织的形象。最后，他们还是顾问。几乎每个董事都具备某种专业技能，如果你必须有偿使用这些技能的话，是相当昂贵的。但因为我们有了这样一些董事，所以一旦有需要我就可以把相关的董事叫过来，向他咨询有关法律、管理或教育的问题，几乎立即就能得到答案。管理者、捐助者、外交大使和顾问就是董事会的四种主要角色。

谈到捐助者的角色，在聘请董事时我们会对他们说："我们希望您能捐献出与您财富相称的资金，并且在进行捐赠时优先考虑我们的组织。也许对于您来说，您所在地的教堂或其他组织和富勒神学院是同等重要的，但我们不希望富勒神学院的排名低于第三，我们希望您对富勒神学院的捐赠额仅次于对您所在地的教堂。"我也会和他们讨论一些事宜，诸如把富勒神学院当作他们自己的一部分不动产，我和他们谈到这些是因为从根本上来说组织不仅仅希望从董事那里得到年复一年的捐献，还希望最终能够以信托、年金或遗嘱的方式得到他们的部分财富。

彼得·德鲁克： 这样看来，您需要的是积极参与的董事。你们定期举行董事会议，这些董事是委员会的成员。您希望他们能够为您提供各自专业领域的咨询意见。同时，您把他们看作资金筹集的领导者。那么实际上，这样的会议每年要开多少天？

戴维·哈伯德： 每年平均8~10天，其中包括董事会议，有时还包括一次特殊的委员会工作会议，进行特别材料的审阅，然后就是帮助神学院做一些招待工作，或者在他们各自的社区以某种方式为神学院效劳。我们也会定期带他们去学习参观，这招非常有效。董事为组织投入了时间，而同时我也要强调，首席执行官和职员在为董事服务时的投入。

彼得·德鲁克： 所以您认为让董事会富有成效并保持这种成效是首席执行官的首要任务之一吗？

戴维·哈伯德： 我认为首席执行官有两个主要的任务：一是我必须关注由我领导的副总裁们，我是他们的唯一领导；二是我还必须照顾董事们，因为除了我和我办公室的职员之外，他们与组织之间没有其他直接、及时和持久的接触。实际上，我有一个助手，除了安排我个人的日程外，最主要的任务就是为董事会服务。

彼得·德鲁克：您如何确定董事会的管理权限，以免董事会干涉管理层的"内政"？例如，有个董事在熟悉了某个部门的领导之后，试图干涉其工作。您会如何处理这类事情？

戴维·哈伯德：您应该利用那种追求变革的热情，并设法将它纳入到正常的工作程序中，您可以让董事在董事会议上谈论其关注的问题。我们的董事会议每年召开三次，每次会议至少留出一个小时，以便董事可以当场形成有关各自关注问题的议程，我们称为开放式的讨论会。在这段时间里董事可以提出问题和相关部门领导讨论，如果董事会打算关注这个问题，可以反馈给管理部门，要求予以考虑。然后董事会就可以将这一问题放到合适的董事委员会议程中。如此一来，所谓的"干涉内政"就被纳入到正常的工作程序中了。

彼得·德鲁克：我屡屡听到一些非营利组织的职业领导者说："别把这件事提交董事会决议，它太有争议了。"您也会听到过这样的话，是吧？我总是认为首席执行官需要认识到：正是因为某个问题极具争议，才恰恰应提交董事会决议，而且是越快越好。我说的对吗？

戴维·哈伯德：您说到点子上了。首先，我们应该把坏消息及时告诉董事会；其次，我们应该把坏消息说得严重一点，而把好消息说得保守一点，以抑制我们对董事会的不诚实倾向。这种倾向几乎是无意识的，因为我们只是想着对董事会要多报喜少报忧，这恰恰是错误的。逃避争议或对困难轻描淡写，用不真实的报告——与计划方案的执行效果、财务状况的稳定性或其他的实际情况都不相符——来蒙蔽人们，实在是一种糟糕的领导方式。

彼得·德鲁克：通常，非营利组织的管理者最不希望发生的事情就是：董事会通过阅读资料掌握了其原先并不了解的有关组织运行的某些情况。这样一来，惯于隐瞒组织运作实情的管理者就会失去信任。

戴维·哈伯德： 但这无疑被某些老板奉为经典法则。让董事会充分了解组织的运行情况实际上是很困难的，需要耗费很多时间，进行充分的交流沟通。大量时间耗费在打电话、发通知或写简报上，此外还要安排职员分头去通知每个副总裁，告诉他们："你给这七八个董事打个电话，把这件事告诉他们，而且今天就要打，把消息传达下去。"随后电话接连不断地打回来，并要一一予以解释答复。这实在是劳神费时的工作，但除此之外，我们别无选择。

彼得·德鲁克： 那么您如何处理需要董事会改变其立场的情况？例如，如何调整陈旧、过时却敝帚自珍的政策？

戴维·哈伯德： 我们一直在努力争取成功推进变革。我们设法帮助董事们改变观念、拓宽视野，但又不能让他们感觉是在放弃个人所珍视的理念。做这些事情最好循序渐进。如果事先没有对整个董事会做好充分的准备工作，他们就会有强烈的抵触情绪，并采取顽固保守的态度，那么变革就难以推进。只有对董事进行一对一的交流沟通，使董事会内部支持变革的建议，董事会才不至于形成统一战线，对建议采取一致的反对态度。因此要想改革成功，就必须寻求董事会内部的支持。

多年来我形成了这样一种工作作风，即任命一位核心人物，比如为我所倡导的变革任命一位委员会主席。这样一来我在董事会议中就可以非常悠闲了，因为我已经把大量时间都花在核心董事的培养、教育和引导上了，他们会帮我挡住各种纷扰，并把变革贯彻下去。

彼得·德鲁克： 对此您是如何做到的，同时又如何避免董事会分裂成多个派系？您不可能和每个人去讨论所有的事情，是吧？

戴维·哈伯德： 我确实做不到。你应该和某个问题的核心人物进行商讨。如果是学术性的问题，你通常应当向那个委员会的主席寻求帮助。设施建设或组织发展的问题也同样如此。同时，要与那些没有头衔的董事会非正式领导合作，这些非正式的领导者因其聪明才智、财务贡献、对组织忠心耿耿及地位显赫而深受董事的尊敬。此外，你尤其要关注那些少数的反对者并争取他们的支持。想必您知道，对于任何具体的事务变革，会有人来帮助您推行，但也会有人极力反对。你必须双管齐下，将那些刚开始推行提案时看上去不像支持者的人事先协调好。你要对他们说："你也许并不喜欢也不支持这个提案，我也并不要求你一定要支持，但是请让我稍微详细地解释一下我认为我们需要这样做的原因。"你给予了别人提出反对的绝对自由，但是对于已经预见到的反对意见，你进行了得体有礼的处理。

如果有人在董事会表决中没有获得支持，我的首要任务就是在会议暂停休息的第一时间去找那个人，感谢他有勇气表达相反的观点。作为总裁，我的任务不仅仅是要达成多数人的统一意见，以便我们能朝着一个正确的方向前进，而且也要安慰、支持和鼓励少数派意见。在可能的情况下，我会对这些少数意见进行全面如实的总结。你此时此刻所做的事并非重大的战略问题，但从本质上而言，是出于对受托人和董事尊严的尊重。

彼得·德鲁克： 对于特意推选的外部董事会，如推选产生的学校董事会、城市议会，情况则和您的董事会不同，要想如您刚才所说的那样去做是很困难的。那些首席执行官、学校校长或市长倾向于把董事当成敌人或对手，他们认为告诉董事的事情越少越好。然而事实上是，如果有人试图玩弄董事会，最终必定会失败。

但以我个人的经验来说，即使在上述董事会中，您的方法也还是唯一可行的管理方法，尤其是在那些政治色彩非常浓厚的学校董事会中。我最熟悉的一个学校董事会曾面临如何废除某一社区的种族隔离的难题，该社区为了阻止黑人儿童进入白人学校而划分了隔离区，当时问题非常棘手。最终学校的校长取得了成功，因为他诚实并且尊重董事会的职能。由于董事会闹得四分五裂，因此取得成功并非轻而易举。他首先向董事会提出了这样的问题：我们有哪些共识？我们都致力于儿童的学习成长，那么就让我们从这点共识出发吧。历经 5 年的艰辛岁月，他终于取得了成功。一个邻近社区的校长看似比他精明得多，他感觉与董事会从来没有达成过一致，所以就自作聪明，不告诉董事会任何事情，以免节外生枝。结果他仅仅任职 18 个月就下台了，而那个社区的纷争至今依然还没有得到解决。

戴维·哈伯德： 您知道，他们被称为受托人（董事）正是因为他们值得信赖和托付。但董事要想很好地发挥职能，也需要做好委托人的角色——他们必须信任首席执行官。如果首席执行官失信于董事，那么即使组织厄运当头、董事之间针锋相对，他最终也会无法行使自己的职责。

从来没有什么人可以愚弄、算计董事会而最终能取得成功，即使获得了短期的成功，一切也会因不诚实而化为乌有。德鲁克，在您的著作中极力强调生产过程是产品质量的本质所在，那么董事职能的有效发挥就是组织生命的中心环节之一。和任何其他工作任务（如医务护理或缓解病痛）一样，发挥董事会的领导作用，是获得圆满结果的中心环节。

彼得·德鲁克：让我来总结一下刚才我所听到的最重要的内容。虽然您没有明确指出，但是暗含了这层意思：拥有一个强大的董事会是为了组织的利益。许多首席执行官倾向于设法让董事会不做事情，以避免他们的妨碍，这是一种错误的倾向。您如果依靠董事会，并拥有一个强大的、乐于奉献的、充满活力的董事会，那么比起拥有一个有名无实的董事会，能够使您更有成效。一个有名无实的董事会，最终会在您最需要它的时候毫无用处。

第二项内容就是要获得强大的董事会，非营利组织的管理人员必须做大量艰辛的工作。杰出的董事会并非上帝所赐，而是需要不断地努力，寻找合适的人并对其予以培养。他们既然来了，就会了解你对他们的期望，同时他们对时间、金钱、工作和责任也会提出极高的要求。你花费大量的时间，不仅要让董事会充分了解相关的信息，而且要建立一个双向的信息交流渠道。

另外，构建与董事会间的良好关系是首席执行官的关键和中心任务。戴维，这样总结是否基本如您所说呢？

戴维·哈伯德：这真是精彩的总结。我唯一需要强调的是这一切对于一个组织的价值。如果组织没有把构建伟大和高效的董事会看作组织职能部门工作的一部分，那么组织就无法完全发挥其潜能。

5
小结：实践原则

企业与非营利组织之间最大的差别，莫过于人力资源管理和关系网络管理的差别。尽管成功的企业管理人员已经认识到：并不能完全依靠薪酬或晋升来激励员工，他们还需要更多的激励因素，然而类似的需求在非营利组织中甚至更多。在这些组织中，即使是领薪职员也需要成就感和服务他人的满足感，否则他们与组织之间的关系就会变得疏远甚至敌对。归根结底，如果一个人在非营利组织中无所作为，那么他的工作又有何意义呢？

此外，在非营利组织中工作的还有一些人，对于他们的管理，企业并没有经验可供参考。这些人被称为"志愿者"，不过这个称呼已经不那么准确了。在非营利组织中，他们与领薪职员的不同之处仅仅在于他们是无偿的。他们所做的工作和领薪职员的差别也越来越小——在许多情况下是毫无差别的，对于非营利组织来说志愿者越来越重要了。这不仅仅是由于志愿者的数量在增加，也由于他们承担了越来越多的领导职能。社会上越来越多的老年人在退休后仍能从事体力或脑力劳动，他们渴望保持活力、参与社会活动以及为他人做贡献，在这种情况下，志愿者日益重要的趋势可能会一直持续下去。因此，非营利组织要设法帮助他们实现这些特殊的使命，与此同时，他们也将逐渐融入组织。通过组织，我们能够有效地行使公民的职责和权利。

总而言之，非营业组织的管理人员要比一般的企业管理人员面对更多的利益相关者。例如，企业就无须处理非营利组织与其捐赠者之间的那种关系，公司的股东和客户与捐赠者有着截然不同的期望。非营利组织的董事会与公司的董事会各自所扮演的角色也迥然不同。非营利组织的董事会更加活跃，同时，如果管理得当，它将是个巨大的资源；反之，将是个巨大的麻烦。如果董事会不是由组织自行挑选的，而是由一些对组织吹毛求疵的外部利益相关者推选的，正如合作社董事会和绝大多数的学校董事会那样，那么这样的麻烦就极有可能出现。

鉴于非营利组织管理人员所要面对的关系网络的复杂性，理解和运用人力资源管理和关系网络管理的知识技能是非常重要的。幸运的是，我们对这方面所知颇多。

人们需要明确的任务安排，对于志愿者、董事会和职员都是如此，他们需要了解组织对他们的期望是什么。但要注意的是，应该始终由做那项工作的人来承担制订工作计划、工作说明和任务安排的责任。

非营利组织的管理人员必须同时与职员和志愿者一起工作，这样他们才能够在明确目标和规定期限的基础上共同讨论某个具体的工作计划，确定他们各自要做出的贡献，以此来明确安排工作任务，并进行适时调整。你不能采用恐吓、惩罚、降职或不升职这样一些过时方式来控制人员，所以让他们明确要其自行负责的任务就更加重要。

非营利组织必须建立在信息的基础上。它必须围绕信息进行组织构建，信息要从执行工作的个人自下而上流向高层人员——最终的责任承担者那里，而且信息还要自上而下进行回流。这种信息的流通是必不可少的，因为非营利组织必须是一个学习型组织。人力资源管理的重点是绩效管理，但组织还必须富有同情心，非营利组织尤其应该如此。人们在非营利组织中工作是因为他们信仰组织的理念，他们应对其绩效负责，而管理人员则应对他们抱有同情心。若失败后能拥有第二次机会，人们通常能够成功，因此如果组织成员努力工作，那么就应给他们第二次机会。如果有人再次努力却仍然无法取得成效，那么也许是他不适合在那里工作。那么就会有人问：他应该去哪里呢？也许是组织中的其他岗位，也许是其他地方或另一个组织。但是，如果有人根本就没有努力过，那么就应该鼓励他尽快到竞争性的岗位上工作。

教堂、医院和童子军这样一些非营利组织反复出现的一个问题就是：人们因为极度孤独而去做志愿者。如果管理得当，这些志愿者能为组织做许多事情——而组织则通过给他们提供一个社交的平台，给予了他们更多的回报。但有时由于心理或情绪的原因，这些人可能会无法和其他人共事；他们喜欢喧闹，爱侵扰别人，态度生硬且待人无礼。非营利组织的管理人员必须面对这样的事实，也许可以安排他们做些不会妨碍别人的工作。但如果连这样的工作也没有的话，就必须请他们离开了。否则，管理人员和所有那些不得不和这类人一起工作的人都将无法继续为组织做贡献。

非营利组织的董事会既是首席执行官的左右手，也是监管者。为了促进这种关系，首席执行官必须为董事会制订出一套清晰的工作计划。即使董事会是由外部（有时是很关键的）势力推选的，非营利组织的管理人员也要能够——并且是必须能够——管理好董事会，这对于一名专业的管理人员来说是不容忽视的。为了提高效率，董事会必须充分了解组织的实际情况。首席执行官所做的最糟糕的事情就是试图对董事会隐瞒实情、敷衍了事，热衷于在董事会中寻找一两个朋友，而不去构建健全的关系。这往往是极具诱惑力的，但是事实证明试图这样去做的管理人员在一两年之内肯定会失去信任。

无论是首席执行官还是基层的志愿者，非营利组织中的每个人都要首先考虑清楚他自己的工作任务是什么：我应该为这个组织做些什么？接下来的职责就是，务必让那些与你共事的、你所依存的人明白，你的中心工作任务是什么，以及为了完成工作你应当为其做些什么。

以下是有关学习和教育的职责问题：我必须学习哪些东西？这个组织需要学习哪些东西？不是未来 5 年，而是此时此刻、未来几个月所要学习的东西。如果你是一名非营利组织的管理人员，那么就务必在下周和你的核心成员坐下来讨论，并要先告诉他："我到这里不是来告诉你什么事情的，而是来倾听意见的。关于你个人的期望以及你对我们的组织的期望，我需要了解哪些情况？你在哪里发现了机会而我们似乎没有加以利用？你在哪里看到了威胁而我们似乎还没有引起重视？我们在哪些方面做得不错？在哪些方面做得不尽如人意？我们需要做哪些改进的工作？"

切记要注意倾听，而且务必要对你所闻、所学采取实际的行动措施。

向你的每个下属或同事请教这样的问题："我做的哪些事情有助于你的工作？我做的哪些事情妨碍到你了？"随后针对他们所提的意见采取行动。比如有人抱怨说，如果没有向你提起，你从来不主动通报组织的有关情况，那么就要确保每周五或者随时随地把对方需要的信息通报出来。如果有人说你根本不了解他们的工作进展状况，那么就应该在组织体系中建立起反馈制度。每位成员都有各自需要完成的工作，非营利组织管理人员的工作就是使他们能够顺利、满意地开展工作。你和你的同事最需要做的，就是对你们组织的工作成果有个清晰的了解。我们对外宣传我们的需求以便筹集资金，这没什么问题。但是捐赠者和为非营利组织工作的人都必然会问：组织的成果是什么？任何管理人员都不能笼统空泛地回答这一问题。

富有成效的非营利组织的管理人员最后的职责就是，让人们能够轻松地工作、轻松地获取成果、轻松地享受工作的乐趣。仅仅为了追求一个高尚美好的理念而工作，这对于他们或者你本人都是远远不够的，管理人员的工作职责是要确保他们能够取得令人满意的成果。

第五章

自 我 发 展
个人、管理者和领导者

MANAGING THE NON-PROFIT
ORGANIZATION

1　勇于承担责任

2　你希望被人记住的是什么

3　非营利组织是第二职业：罗伯特·比福德访谈录

4　非营利组织的女性主管：罗克珊·斯皮策－莱曼访谈录

5　小结：实践原则

1
勇于承担责任

追求卓越是非营利组织管理者自我发展的首要任务，这将为它们带来满足感和自尊。这正如手艺之所以重要，不仅是因为它决定了工作质量的差别，更是因为还决定了工匠个人发展前途的不同。手艺不好，就做不好工作，就没有自尊，也就无法实现个人发展。多年前我问一位我所见过的最好的牙医："您希望被人们记住的是什么？"他幽默地回答："当您死后被解剖时，我希望他们说这家伙的牙医是一流的。"

这与那些工作敷衍了事而又企图蒙混过关的人相比，工作态度是截然不同的，那些敷衍了事的人是不希望被关注的。

个人的自我发展应该密切配合组织的使命，密切配合教堂或学校的工作职责和信念。资源、金钱、人力和时间总是极其匮乏的，但你不能因此意兴阑珊、工作马虎。牢骚满腹——是"环境"——让我无法做好工作的，这是你开始滑向万劫不复深渊的第一步。务必重视自我发展——你个人和组织每个成员的自我发展，对于非营利组织的管理者而言，这并不是可有可无的摆设。个人的自我发展如果与组织的发展愿景无法协调一致，那么绝大多数人就不会继续为非营利组织工作。尤其是那些无法从工作中获得很大收获的志愿者，他们将不愿为组织长期工作。他们没有报酬，因此希望从工作中得到更多其他方面的收获。事实上，你也不希望那些不信仰组织理念的人仅仅是因为习惯继续留在组织里。在以成果为导向的正常运作的组织里，你必须对人们的工作任务和时间安排做出严格要求，这样很多无精打采的人就未必会继续留在组织里。你所需要的是具有建设性的牢骚。这可能意味着最好的职员和志愿者在开完长会后筋疲力尽地回家时，都会大声抱怨所有人是多么愚蠢——他们连那些明摆着应该做的事情都不知道去做，"但这是非常重要的！"如果有人问他们为什么还要留在这种组织里，他们又会这么回答。

构建有这样一种精神的组织关键在于：安排工作时要使每个人都觉得自己对于所信仰的目标来说是至关重要的。和我共事过的一位教堂工作人员有着明确的目标，他要使在这座有1.2万名成员的教堂的辖区范围内，没有什么所谓的社区居民，而只有领薪水和不领薪水的牧师——每个人都要为此努力。这就是目标，但还不是最终的成果。然而，朝着这一目标努力要让教堂职员承担起每年发展50～100人的责任。至今为止，这座教堂已经几乎没有什么领取薪水的职员。这座教堂用6名不领薪水、未经正式任命的志愿者来共同完成一位领薪水的、正式任命过的年轻牧师所做的全职工作。这些志愿者每年都要坐下来给自己写两封信（并复印一份给牧师），来回答以下问题："我学到了什么？我在教堂里和其他人一起所做的工作使我的人生发生了怎样的变化？"这使得牧师总是能轻而易举地吸引到志愿者。事实上，他的问题在于有太多的人来加盟，却无法全部接纳他们。

有 所 作 为

不管是非营利组织的主管还是基层的职员和志愿者，自我发展最主要的责任承担者是每个人自己，而非老板。要鼓励每个人这样来扪心自问：什么是我应该关注的——如果能把它做得很好的话，对于组织和自己都是至关重要的吗？例如，医院的基层护士，总处在时间和资金的巨大压力下，而医生指派的工作总是很多，文书工作又令人应接不暇，在这样的情况下，还需要照料32位整形外科病人。她说："照料这些病人是我的工作职责，而其余那些事情，基本上都是影响我有效工作的障碍。我怎样才能将精力集中到本职工作上呢？也许这是工作规程方面的问题，但我们能不能改变一下服务方式来让我做好护士的本职工作呢？"

能使工作做得更有成效的恰恰是你自己而不是别人。对于自己工作的非营利组织，你的首要责任就是确保要为自己和组织尽力争取最大的成效和收获，同时要根据实际情况量力而行。

做出最好的成绩是让人们信任和支持你的唯一方式，一味地抱怨愚蠢的老板和董事会以及消极怠工的下属是无济于事的。和那些在工作上互相关联和依靠的人进行交流沟通，以一种系统的方式找出什么对工作是有帮助的、什么是有妨碍的、什么是需要改变的，这是你的工作和职责。

所有我认识的不断进取的人每年都能对自己进行一两次反省：对于自己实际完成的工作，哪一部分是重要的，哪一部分是应该集中精力应对的？至今为止，我已从事了将近50年的顾问工作，我学会了在每年的8月花两个星期的时间来静心反省自己过去一年的工作。首先，在哪些方面我发挥了作用？哪些方面客户需要我（不是希望而是需要）？然后，在哪些方面我浪费了他们和自己的时间？在下一年里我应该关注哪些方面以便不仅为客户提供最好的服务，而且自己也能获得最大的收获？我并不是说自己总是按照计划行事，一些突如其来的事情经常会使我忘了原先所有的美好设想。但迄今为止，我之所以能成为比较出色并且成效显著的顾问，并从顾问工作中受益匪浅，是因为我把精力集中在自己所擅长的实践领域上。

只有以周密和有组织的方式集中精力，非营利组织的管理者才能在自我发展方面取得长足进步，超越只是简单地把自己和组织的发展愿景统一以实现个人的发展愿景。真正有作为的管理者能使组织在继承原先使命的基础上发扬光大。为了以这种方式实现组织及其成员的发展，最高管理者必须对一些关键性问题进行自我反省——每年8月我所反省的那些问题。每一位员工和志愿者都必须这么做，同时，高层管理人员必须定期坐下来共同探讨上述问题。

这种探讨交流的形式可以非常灵活。我所听说过的最好的一个例子是有关伟大的管弦乐团指挥家布鲁诺·沃尔特（Bruno Walter）的。沃尔特深受其所领导的音乐家们爱戴。每个演出季结束时，他都会给管弦乐团的每位成员写这样一封信："亲爱的（首席小号手），当我们以你处理较难那一段的方式来排练海顿交响曲时，你教会我不少东西。在我们合作的这个演出季里您有什么收获吗？"也许其中一半的音乐家只是敷衍了事地回复一张明信片，但另一半音乐家会坐下来认真地回信："我如今突然领悟到，作为 20 世纪的小号手，必须使我的号声听起来像 18 世纪海顿交响曲中的号声。"在布鲁诺·沃尔特的管弦乐团中演奏，音乐家们不断地促使自己挑战自我发展的极限。

实现这种成功的关键因素是责任心——使自己能够勇于承担责任，其他一切都源于此。如果你是大学的校长或副校长，或者是银行的总裁或副总裁，重要的不是你所拥有的职衔，而是你所肩负的责任。要成为有责任心的管理者，你必须非常认真地对待工作，必须认识到：我因努力工作而不断成长。有时这意味着获得了技能，更为艰难的是，你可能会发现经过多年努力所获得的技能不再适用了：你花了 10 年时间学习计算机知识，但如今你不得不重新学习如何与人打交道。由于把责任放在首位，你会竭尽全力调动自己的一切资源。你会问：要取得成效，什么是我必须学习的？什么是我必须去做的？多年前我共事过的一位智者对我说："对于绩效好的员工，我们给予加薪。但我们只提拔那些能够打开工作局面的人。"

对我而言，自我发展意味着获取更多的技能和更重的工作职责。通过强调责任心，人们能拓展视野。不是空虚、傲慢，而是自尊、自信。这些本来是我所不具备的，但可以努力获取，而且一旦获得便不会失去。

建 立 榜 样

在所有人类活动中，在领导者的绩效和成就之间、在做出最好绩效的人和其他人之间，存在着某种永恒的关系。在人类活动中，我们站在前人的肩膀上。领导者设定愿景和标准,但领导者并非后无来者的孤家寡人。如果某位组织成员的工作做得非常出色,其他成员就会挑战自我极限而奋起直追。

领导能力并不是由你肩章上的星星来展示的,管理者需要通过以身作则来进行领导。最伟大的榜样就是献身于组织的使命,这会使你显得更加伟大,更加自尊自重。

2
你希望被人记住的是什么

为了实现自我发展，必须选择合适的组织来从事合适的工作。基本问题是："作为一个人，我适合哪里？"这就需要了解你在怎样的工作环境下才能做得最好。当年轻人走出校园，他们对自己几乎一无所知，不知道自己适合在大型还是小型组织里工作。他们中很少有人了解自己喜欢合作还是单干，很少有人知道自己能否在不确定的情况下获得成功，是否需要用紧迫的截至期限来促进自己的工作效率，是否需要迅速决定还是应该暂缓决定。因此，他们找的第一份工作往往是很盲目的，能够找到恰好适合自己的工作的概率是非常低的，而往往需要花几年的时间才能找到适合自己的工作，并开始职业生涯的自我规划。

我们一般都不太会认真考虑性格和个性方面的问题，但认真清楚地了解这方面的问题是非常重要的，因为性格和个性往往是天生的，很难通过培训来主观地加以改变。必须在完全理解决策之后才能行动的人并不适合作战：当右侧阵地突然失陷，军官也许只有8秒时间来决定是继续战斗还是撤退。犹豫不决的人也许应该迫使自己能够当机立断，但极有可能会做出错误的决策。

在对"我适合哪里"这个问题进行深思熟虑之后，如果得到的答案是你不适合目前工作的地方，那么下一个问题就是"为什么我不适合这里"。是因为你无法接受这个组织的价值观？还是因为这个组织正在堕落？这些因素必定会损害你，因为如果你发现身处与自己价值观背道而驰的环境，会因此变得愤世嫉俗和睥睨一切。或者你会发现自己正在为一个堕落的老板工作，堕落的原因可能是由于他是一个钩心斗角的人，或者可能因为她只关心自己的饭碗，或者——最严重的情况是——一位你所钦佩的老板无法完成其关键性的职责：支持、培养和提拔有能力的下属。

如果你处在不合适的地方，或一个堕落的环境，或你的业绩得不到认可，抽身而退是明智的决定。职务的晋升本身并不重要，重要的是工作要合适，并能够得到公正、公平的对待。如果你面对的情况不是这样的，就应该果断地另谋高就。

自 我 调 整

有时进行调整——大的调整或小的调整——对于激励自己都是至关重要的。随着人们比过去更长寿并且具有更长时间的工作活力，大家都意识到这种需求将变得越来越重要。例如，很多志愿者在为一个非营利组织工作 10 年或 12 年后转到其他组织工作，这通常是由于他们觉得需要改变一下目前的生活，潜在的原因也许是他们认为在原来的组织里不再能学到新的东西。要明确自己应该有这样一种人生标准，当你在某个工作岗位上学不到东西时，你就不会进步发展。

转换职业并不是很难的事情。例如，曾经担任美国红十字会会长多年的理查德·舒伯特（Richard Schubert），起初曾经是私营企业的劳工律师和人力资源经理。在 40 多岁时，他投身于政界，然后再回到私人企业，然后又服务于红十字会。他之所以能够卓有成效，正是由于他在不同的工作环境中与各种不同的人共事过。

当你开始陷入安逸舒适的日常生活时，就应该迫使自己做一些不同寻常的事情。在很多时候，消磨时间是无聊生活的反映，没有什么比在意兴阑珊的时候强迫自己在清晨去上班更让人厌倦的了。

也许所有这些需要的仅仅是一个小小的调整。例如，一所学校的校长接受邀请到其他学校访问，与其他学校的校长和教师讨论各自存在的问题，或者是到另一个组织去做志愿者工作。这对于非营利组织的管理者来说似乎是不可能的，因为他们一星期已经工作了六七十个小时，但每星期在完全不同的活动上花上 3 个小时也许就可以了。正是由于你工作过重，才需要特别的，并且是完全不同的刺激来使身体的不同部位交替地进行体力和脑力劳动。如今女童子军的志愿者比历史上任何时候都多，因为他们发现工作繁忙的女律师、女会计师、银行女职员也需要接受在完全不同环境中努力工作的挑战。

大多数工作总是在反复地做同样的事情。激动人心的不是工作本身，而是工作的结果。手里做的是工作，眼睛盯的是结果。如果你对工作感到厌烦，就不会为成果而努力工作。你就会受困于令人厌烦的工作，而不会去想什么工作结果了。

　　为了能从工作中不断地学习提高，需要建立从结果到计划的组织反馈机制。明确工作中的关键活动，这甚至可能是你生命中的关键活动。当你从事这种活动，写下你所期望发生的结果。9个月或1年以后，把你的预期与实际发生的结果进行比较。从这种比较中，你就会了解自己在什么方面做得很好，需要掌握什么技能和知识，有什么坏习惯（这也许是最重要的发现）。或者和我一样，你可能会发现自己在追求结果的过程中总是浅尝辄止。你可能也会意识到，你最美好的愿望总是没有产生理想的结果，因为你不会倾听别人的意见——这是最常见的坏习惯。

　　你当然不会局限于仅仅从自己的实践活动中学习。留意你所在组织里的其他人和环境以及你所熟识的人，他们在哪些方面的确做得很好——他们又是如何做到的？换言之，你应该寻找成功的榜样。例如，首先找出乔为什么做得那么好，而我们其他人似乎很难做好；然后你自己去那样做做看。做好工作和职业生涯规划是你自己的责任，要搞清楚你适合的地方，通过为组织做出贡献的方式来对自己提出高标准严要求，并采取我所称的预防性保健措施来避免厌烦情绪，迎接挑战。

做好正确的事情

　　为非营利组织工作的大多数人的工作成效都惊人的低下。我和主管们打了将近50年的交道，他们中的大多数人工作勤奋敬业，知识也非常渊博，但成效斐然者甚少。卓有成效者和成效低下者之间的区别不在于天赋的高低，成效主要取决于行为习惯和一些基本规则，但人们在这些方面往往并不擅长，因为毕竟非营利组织是最近才大量出现的新兴事物。在组织中取得成效的法则不同于个人单干的手工作坊。在单独工作中，是工作在决定人的成效；在组织中，是人在决定工作的成效。

要取得成效，首先应决定什么是正确的事情。效率，即正确地做事，只有做正确的事，效率才能发挥作用。必须确定工作的轻重缓急，做你擅长的事情。要取得成效并不是简单模仿你崇敬的成功老板的行为，也不是遵循某本书的方法（即使是我的书）就能达成的。你只能运用自己一系列独特的优势才能取得成效，这一系列优势就像你的指纹一样独特。你的工作就是高效地利用你所掌握的资源和能力，而不是那些你不掌握的。

可以通过绩效来确定你的优势。我们喜欢做的事情和我们做得好的事情之间存在着某种内在的联系，我们讨厌做的事情和我们做得不好的事情之间也存在着密切关联。这是因为，对于我们讨厌的事情，我们总是想敷衍了事，甚至尽量拖延，使之不了了之。阿尔伯特·爱因斯坦说，如果能拉好小提琴，达到管弦乐团的演奏水平的话，他可以放弃所拥有的一切，包括诺贝尔奖。但他的双臂和手指不能很好地协调，这恰恰是成为一名出色管弦乐手的先决条件。他热爱演奏——每天花4个小时来拉小提琴，并乐此不疲，但这不是他的强项。他总是说他讨厌数学，只是在数学方面有天赋而已。

优势不是技能，而是能力。例如，问题并不在于你能否阅读，而在于你是不是一位很好的读者或倾听者？这样一种特质几乎像我们习惯使用右手还是左手一样是一种天生的才能。富兰克林·罗斯福和哈里·杜鲁门都是很好的倾听者。罗斯福几乎不阅读，他让别人读给他听。艾森豪威尔则是很好的读者，但他自己并不清楚这一点。当他在欧洲担任盟军总司令时，他在新闻发布会的表现受到广泛好评。他的助手会让与会的新闻记者在新闻发布会开始之前的几分钟把问题写在纸上交上去。艾克⊖看了这些问题之后就能给出精彩的答复。第二次世界大战后，他当选为美国总统，延续了罗斯福和杜鲁门所建立的在新闻发布会上接受媒体口头提问的风格（作为优秀的倾听者，罗斯福和杜鲁门精于此道）。但艾克在这方面的表现令人失望，媒体不喜欢他，是因为他们认为他从来不正面回答问题。在新闻发布会上，他眼睛朝上，一副目中无人的样子，甚至没有真正听明白所提的问题。

近年来，人们已经越来越认识到每个人的优势是不同的，既有思想超前的人，也有理解能力强的人，还有思维能力强的人。但许多人并不知道自己的优势和弱点是什么，也不知道自己是否适合与别人相处，或者是否需要学习如何与其他人共事。有很多人把能言善道当作善于与人相处，但是他们没有认识到善于与人相处是指善于倾听。

自 我 超 越

只有不断地进行自我超越，不断地创造激情、挑战和变革来丰富原有的工作内涵，你才能期望工作给你带来持久的激励。以一种新的角度来审视自己和工作任务，有时能使自己的能力得到提高。有一个流传已久的故事：曾经有一位管弦乐团的指挥要求一位优秀的单簧管手坐到听众席上去

⊖ 艾森豪威尔的昵称。——译者注

听管弦乐的演奏，这是他第一次从听众的角度来倾听音乐，而不是从专业的角度单纯地进行演奏，这使他对音乐有了全新的理解。这就是自我超越，并不一定要做一些截然不同的事情，而是赋予原有工作新的意义。

自我超越最有效的方式是找出意外的成功并用于管理实践。大多数人之所以漠视成功，是因为他们过于关注问题。管理者所处理的报告通常都是集中于解决问题的——报告首页概述了在过去一段时期该组织在哪些方面做得不好。然而，非营利组织的管理者应该用报告的首页来描述该组织在哪些方面比计划或预算做得更好，因为这是出现意外的成功的先兆。最初的几次你也许会漠视这些征兆：不要打扰我，我正忙于解决问题。但是最终也许我们还是会有这样的疑虑：如果我们更多地关注那些做得很好的事情，其中一些问题是否能自行解决？我认识一位非常能干的女性，她经营着一家小型社区服务机构。她开始注意到越来越多的上门服务护士要求加班。首先，像我们大家一样，她试图控制加班时间。她调查为什么护士的加班时间增加了，结果发现晚上6：00以后，人们都下班回家了，更多的人需要护士提供医疗服务。由于医疗条件的改善，接受医疗服务的对象由病人转向虽然健康但需要这样一些医疗服务，如胰岛素治疗、康复性治疗、药物注射等。如今，她转入一个新的领域，成为满足这种新需求的倡导者——一位精力旺盛和卓有成效的领导新潮流的人。

三种最常用的不断自我超越的方法是教育学习、走出组织和服务基层。请某个人向一群同事解释她是如何出色地完成工作，这对于她及倾听者而言，都是很好的教育学习；到其他组织做些志愿者工作也是走出组织的可行方案；让管理者每年一次或两次在直接为顾客提供服务的基层岗位工作，是使他们清楚了解组织使命及其贯彻落实情况的一个非常经典的方法。我认识的一位训练有素的医院主管，几年前由于罢工或突发性流行病之类的原因，无奈之下做了一周的基层护士工作。突然被下放到一个令人伤心绝望和看不到成功希望的环境中，迫使他发奋努力，并且正如他向我承认的，"这迫使我正视了自己"。如今这所医院（据我所知，这是最好的医院之一）的规定是，所有的管理人员每年都必须花一周时间到基层去和照顾病人的工作人员一起工作。

所有具有自我超越能力的人都应集中精力。在某种程度上，他们都是以自我为中心的，把整个世界都看作为他们成长提供养分的沃土。

闪光点：你希望被人记住的是什么

我 13 岁时，遇到一位善于鼓舞人的神学老师。有一天，他直接走到班上的男生面前，问每一个人："你希望被人记住的是什么？"当然，我们当时没有一个人能答得上来，因此，他笑着说："我并不指望你们现在能回答这个问题，但若你们 50 岁时还无法回答，那么就是在虚度光阴了。"我们在高中毕业 60 年后终于又重新聚在了一起。我们中的大多数人仍健在，但自毕业后就没有再见过面，因此起初的交谈都有些拘谨。接着有一个同学问："你们还记得普福利格勒神甫和他的问题吗？"尽管我们直到 40 多岁时才真正理解这个问题，但我们都还记得。我们每个人都认为他所提的这个问题改变了自己的人生道路。

25 岁时，我们中的一些人就开始试图回答这个问题，但大多数的回答都是浅薄可笑的。20 世纪最伟大的经济学家之一——约瑟夫·熊彼得，在 25 岁时宣称希望人们记住他是欧洲最好的骑手、最伟大的情人，并且是伟大的经济学家。在他 60 岁时，临终前有人再次问他这个问题，他不再提及骑术和女人，说希望人们记住的是他很早就提出了对于通货膨胀危险性的警告。这是他被世人所记住的贡献，也是值得被记住的贡献。正是不断地问这个问题改变了他，尽管 25 岁时他给出的答案，即使对于一个 25 岁的年轻人来说也是非常荒谬的。

我一直问自己这个问题：你希望被人记住的是什么？这个问题能促使你不断超越自己，因为它促使你把自己看作一个与众不同的人——一个你能成为的人。如果你是幸运的，在人生的早期就能遇到像普福利格勒神甫那样德高望重的人来问你那个问题，你就会在整个人生旅途中不断问自己这个问题。

3

非营利组织是第二职业：
罗伯特·比福德访谈录[1]

彼得·德鲁克： 鲍伯，当您决定在经营自己原有企业的基础上，再创建大型非营利组织——领袖关系网，并亲自担任该组织的首席执行官时，您已40多岁。您认为自己需要学习哪些东西来适应这种转变呢？

罗伯特·比福德： 我认为最重要的是学习如何对自己重新进行定位，从如何经营企业——基本上是我一生的经验积累，转换到如何管理服务性社会组织，在这里，服务是组织生存的主要推动力。

彼得·德鲁克： 这是一种价值观的转变还是行为的转变？或者是两者兼

---

[1] 罗伯特·比福德，比福德电视公司（Buford Television, Inc.）董事局主席和首席执行官。他创建了两个非营利性机构——领袖关系网（Leadership Network）和彼得·德鲁克非营利组织管理基金会。

有呢？

罗伯特·比福德：我的价值观始终如一，但我必须在时间安排及行为上做出重大调整。

彼得·德鲁克：据我所知，尽管您已经是一位非常成功的企业家，但即使在企业里，您也从来都没有把金钱作为自己的奋斗目标。您是否认为金钱只是一种绩效考核的手段，而非人生的奋斗目标呢？

罗伯特·比福德：的确如此。但作为一种绩效考核机制，这对我很重要，并且也便于执行。我知道一旦从事这份第二职业，绩效考核机制就需要进行相应的调整，我必须对这一点有清醒的认识。你可以选择要做哪个游戏，但你无法选择游戏规则。既然我选择做一个完全不同的游戏来作为今后自己所从事的主要活动和身份定位，我必须非常清楚游戏规则发生了哪些改变。这要求我真正清楚新职业的使命和目标，以及什么是需要首先解决的问题。但每个人在人生旅途中总会面临这样的时刻：必须决定什么是最重要的，以及什么是次要的。

彼得·德鲁克：您认为自我发展的关键性决策是什么？

罗伯特·比福德：关键是要了解老板的性格特征，而且我还认为对老板的认识进行适时调整也是非常重要的。我认为自己40多岁时在愿望、如何安排时间、天赋、财富方面与20多岁时完全不同。

彼得·德鲁克：您认为自己的行为已经改变了很多吗？或者你虽然还是在做同样的事，但是做事的目的和方式已截然不同？

罗伯特·比福德：我认为应该是后者。我发现我为公司所做的工作与为领袖关系网所做的工作非常相似。在这两种情况下，我都必须清楚组织的发展愿景，以便引导组织其他成员成功地发挥作用以及进行团队合作；

在这两种情况下，我都必须在工作上鼓励和支持组织其他成员，不管是在企业还是在领袖关系网，都必须使每个人明确自己的工作职责；在这两种情况下，我都必须维持一系列重要关系，这会使我及时了解在这两个领域里所发生的事情。

彼得·德鲁克： 虽然两者之间有许多共同点，但对于您来说，两者还是有主次之分的，对吗？

罗伯特·比福德： 是的，对于我来说，目前领袖关系网使我觉得很有激情。尽管我仍在经营我的公司，但已经退居次要位置。而在我 20 多岁时，则把从事牧师职业的愿望放到次要的位置，选择开办自己的公司。

彼得·德鲁克： 您有没有觉得这样的转变是很困难的呢？

罗伯特·比福德： 我并没有觉得这是很困难的。对于我来说，这就像四季更替一样寻常。在我 40 多岁时，我只是觉得是到了去做一些永恒的、非常有意义的、重要事情的时候了。这么做使我发现必须对自己的事业生涯做出许多调整。

彼得·德鲁克： 是什么使您意识到这种时机已经来临？仅仅因为您已经拥有的成功使您能接受这种调整？还是在一个阳光灿烂的早晨一觉醒来，突然觉得现在是到了重新考虑自己人生道路的时候了？

罗伯特·比福德： 我想，首先，我已经积累了足够的"分数"，可以轻松地结束前一场比赛了；其次，一系列的经验告诉我，自己正是圣·保罗所说的那种"永恒的公民"。我只是明白我是到了集中精力来做一些永恒公民应该做的事情的时候了。

彼得·德鲁克： 因此，对于您来说一切都在意料之中？

罗伯特·比福德： 也许区别在于我现在愿意倾听内心深处其实一直存在的

召唤。过去 20 年的经验使我能更好地响应那些召唤。

我发现自己仍在使用在企业界长期形成的管理技能，来追求不同的目标和理念。我发现在做出这类改变时，自我认识是非常重要的，我认为自己这 20 年来的经历说明我的专长是发挥团队的管理职能。

彼得·德鲁克：自我认识与目标认识一样重要。如果你只是注重技能而不关注目标，将会错失良机。你会一直沿着老路走下去，最终突然发现哪里也去不了。从外部着手是您一直强调的，必须首先确定：目标是什么？雇主是谁？虽然使用相同的工具，却建立了完全不同的大厦。

罗伯特·比福德：我认为这两个问题实际上就是您在著作里所讨论的两个永远重要的问题：谁是顾客？顾客所看重的价值是什么？领袖关系网的顾客类型和我公司的顾客类型是不一样的，因此我必须非常了解他们的价值观。

彼得·德鲁克：您在这两种事业中都获得了巨大成功。有什么特别的经历使您能一直正确地做事或避免做错事？

罗伯特·比福德：也许是我早年的两个经历吧。首先，要感谢我母亲在我小时候就让我承担很多责任，对我的失败也很宽容；其次，对于我来说非常重要的教训是，我小时候有几次犯错误被当场抓住。所以在接下来的人生经历中，我总是假设做任何违规的事都会被当场抓住。因此，我规定自己不走捷径、不作弊，因为我认为自己会被抓住，我发现这是非常好的戒律。

彼得·德鲁克：您是否记得，在您的公司或社区中有谁使您真正认识自己并意识到自己应成为怎样的人？例如，我听您说过很多次了：您既做出了慷慨的奉献，又从青年总裁组织（Young Presidents Organization）中获到了极大的收获。这是不是您人生中重要的关系之一？

罗伯特·比福德： 青年总裁组织是我人生中非常重要的一部分，因为它给我打开了一扇接触了解其他管理者的真实世界的窗口。我之所以选择在一个有75 000人口的小镇度过一生，是因为对我而言，它有着健全的设施和充满互相关心的温馨氛围。但它毕竟是一个小镇，青年总裁组织则使我能接近那些精明的成功人士。

彼得·德鲁克： 这就是为什么我认为在组织中工作的人应该对外部有强烈的兴趣——和不同的人交往，而不仅仅局限于自己的小天地——的重要性。因为，所有的领域都有局限性。这对于为非营利组织工作的人来说尤其重要，因为他们的工作比起企业的工作更具吸引力。当你对企业主管说：你每天朝九晚五地努力工作，应该确保自己有一些其他的兴趣，如去当个童子军团长，一般来说你的建议能得到积极响应。但当你对牧师说："也许你应该出席当地医院的董事会。"他会说："我很忙，没有时间。"他把一切都献给了非营利组织。一位我认识的最成功的同时也是最忙的非营利组织的主管在数家公司董事会任职，她说这给她一扇观察不同世界的窗口，她从中受益匪浅。

在自我发展方面，您给非营利组织工作者的重要建议是什么？在我所认识的人中，您见过非营利组织工作者最多了，您通过乡村教堂和领袖关系网主管的身份同他们打交道。您认为重要的建议是什么？

罗伯特·比福德： 无论是经营企业还是非营利组织，都必须和你的利益相关者保持联系，否则你将面临这样的风险：他们改变了，你却在原地踏步。这意味着你将故步自封，眼中只有组织内部人员及其愿望，而无法实现服务性组织向各种利益相关者提供服务的角色。

彼得·德鲁克： 有人提醒我：古斯塔夫·马勒（Gustav Mahler）要求其管弦乐团的成员每年必须至少当两次听众，这样才能知道对于听众来说，他们所演奏的音乐听起来效果如何。我相识多年的一位伟大的牧师养成这样一个习惯，每年至少用四五个星期天到其他教堂去，坐在做礼拜的教徒中间祷告。这是不是您正试图告诉我的重要的事情？

罗伯特·比福德： 我所认识的一位乡村牧师用整个夏天来走访当地的小教堂，我所认识的另一位牧师的习惯是经常有规律地走访教友的办公室。

彼得·德鲁克： 我所认识的最好的医院管理者，每年都以病人的身份去体验一次入院治疗的整个流程，然后花一天的时间去观察其组织是如何运作的，并且从病人的角度去观察组织的整体表现。因此，这是关于组织发展的重要内容之一，还有什么其他重要的方面吗？

罗伯特·比福德： 对领导者而言非常重要的是，整个团队必须密切关注它们内部的季节性变化。我们40多岁时的经历和精力与30岁时不同，到50多岁时又会发生很大的变化，那时我们可能厌倦了自己的事业，因为我们对那些一度被认为很有挑战性的事情已经得心应手甚至游刃有余了，曾经所谓的挑战已属于明日黄花，现在早已热情不再。

4
非营利组织的女性主管：
罗克珊·斯皮策－莱曼访谈录㊀

彼得·德鲁克： 罗克珊，请问第一次把您从护士提拔为主管的上司赏识您的是什么呢？

罗克珊·斯皮策－莱曼： 是组织能力、交流能力以及对患者的无微不至的关心。

彼得·德鲁克： 您能说说这些特质是如何形成的吗？

罗克珊·斯皮策－莱曼： 我很幸运地得到过几位导师的指点。在培养理清轻重缓急、确定做事的方法和时机方面，我认为护理教育所起的作用十

㊀ 罗克珊·斯皮策－莱曼，圣约瑟夫健康系统（St. Joseph Health System）副总裁，该机构是一家位于美国加利福尼亚州奥兰治的非营利性连锁医院。她于1986年在芝加哥出版了专著《护理生产力》（*Nursing Productivity*）。

分重要。我想在医疗卫生部门，尤其是医院，将有更多的护士会因具有良好的组织能力、优先处理紧急事件的能力、良好的交流沟通能力以及技术知识而得到提升。

彼得·德鲁克： 您导师在培养这些组织能力和个人技能并使您认识到其重要性方面起了什么作用？

罗克珊·斯皮策－莱曼： 我是急性子的人。导师教我在做决定之前要先了解实际情况，使我认识到自己的基本反应能力可能是比较好的，但是做事不能急躁。当然，他们也教我如何变得耐心，还能够宽容我所犯的错误，我认为这点是很重要的。

彼得·德鲁克： 您导师指出过您在哪些方面做得不错吗？

罗克珊·斯皮策－莱曼： 他们给了我很多积极的鼓励。

彼得·德鲁克： 现在让我们来谈谈另外的话题。您现在是所在的连锁医院中唯一的女性高层管理者吗？

罗克珊·斯皮策－莱曼： 是的，我是唯一的女性高层管理者。

彼得·德鲁克： 除了天主教修会，在大型医院的高层管理者中有多少是女性？

罗克珊·斯皮策－莱曼： 不多，但是我认为女性比例在不断地提高。目前，越来越多的女性担任首席运行官以及首席执行官的职位。当然，相对于行业中女性占很高比例而言，在高层管理者中，女性的比例还是非常低的。医院通常是非常传统的行业，在很多方面都模仿军队的那一套，但是我认为有需要才会有创新。在这样一个充满竞争的市场中，对更高的生产力、更灵活的职务安排以及更强的组织能力必然会有需要，因此必然会有更多的女性来担任这些职务。

彼得·德鲁克： 在女性处于绝对服从地位，需要绝对服从大权在握的医生——通常都是男性的情况下，您对女性担任领导职务有什么建议？

罗克珊·斯皮策－莱曼： 我给管理者的建议是用人不要拘泥于性别。我认为女性必须更加努力，做得更加出色。但事实上，女性在任何组织，尤其是医疗卫生组织，做出的最大贡献在于发挥团队成员的作用。不要孤芳自赏，也不要拉帮结派，为了组织的发展不仅要愿意放弃个人的利益，还要促使其他人放弃部门利益和个人权力；将矩阵制组织结构的团队合作形式看成是组织和个人发展的机会，而不是权力的丧失；另外还要关注他人的发展。

让我和同事非常感兴趣（我相信不会仅仅是我一个人感兴趣）的是，随着越来越多的女性加入医生行列，她们容易和组织中的男性医生一起工作，但很难和其他女性共事。可能这些女性医生在这个男性主导的领域中面临的是这样一种困难：她们需要的是积极进取，而不是给其他女性同事太多的支援。我认为，任何女性要扮演孤家寡人般的蜂王角色，是大错特错的，这会使她在另外的女性群体中孤立无援，而不是和她们一起发展提高。当然，女性通常不会一起踢足球或打棒球，但要成为管理者，学会如何和其他人一起踢足球或打棒球确实是成功的关键。

彼得·德鲁克： 您在和一个非常强势、高傲的董事会密切合作，他们最初是否很难接受和一位女性共事？特别是在董事会中和这位女性共事？

罗克珊·斯皮策－莱曼： 和其他医院的董事会一样，我所在的董事会当然也是男性主导的。只是最近几年，女性才开始进入董事会，并且现在也只有一位女性是执行董事。女性董事得到了强有力的支持。那些女性一般是很能干的，在各自的领域中有很好的发展前景，对自己充满自信，并且不需要通过牺牲他人的利益来实现自己的目标。女性在董事会中任职根本就没有什么问题。

男性是否认同女性管理者取决于他们的年龄特征。老年群体对于接受女性管理者自然有些困难，但我认为年轻群体则比较习惯和女性一起工作。在医院，有一种浓厚的家长式作风。一方面，作为唯一的女性副总裁，他们很关照我；另一方面，在某种程度上他们也很明确地表示不会考虑把我作为首席执行官的人选。虽然并不是每个人都这么认为，但是我们确实就此探讨过。

彼得·德鲁克：您能否举一个突破这些障碍的具体例子？

罗克珊·斯皮策－莱曼：有一次，我向董事会汇报财务计划，而不是仅仅汇报有关病人护理、医疗服务传递、病人满意度和质量保证诸如此类的业务情况，董事会立刻意识到了我对财务知识相当精通。事实上，本来让我向董事会汇报的只是有关家庭护理部门的情况，这是一个获利丰厚的业务部门。当他们看到我对财务和医疗服务传送方面都能胜任时，我发现了一个突破的机会。

彼得·德鲁克：您是如何获得这些非常必要的技能的？

罗克珊·斯皮策－莱曼：首先，早年我还是护士长时从一位导师那里获得了不少教诲。我有幸得到一位大学教师的指点，他坚持认为，我首先得明白每天花在每个病人上的工时是多少，应该如何确定薪水，所以我认为自己的市场意识总是有一点超前。当然，主要应归功于老师的教导。我现在的业务预算大约是7500万美元。其实，大家很快就能够掌握如何确定财务底线以及如何避免入不敷出，但真正做到这两点在今天来说似乎是很困难的。另外，在克莱蒙特大学学习有关高级行政管理的博士学位课程，对我透彻理解财务的细节问题帮助很大。我对理解财务的总体状况也没有什么困难，我能够和我们的财务部门一样精通财务管理，我想这可能使他们感到有点紧张。

彼得·德鲁克： 有关人力资源管理的技能又是如何获得的？护士能够了解患者及其需要，但她并不总能够了解组织的工作。当您担任护士长时，突然要和六七十甚至200个护士和病人一起工作，还必须与纽约医院的其他部门协调原先的护理工作，您是如何获得人力资源管理的有关技能的？您是必须去学习这些技能，还是自然而然地积累起来的？

罗克珊·斯皮策-莱曼： 我认为有些人力资源管理的技能是自然而然形成的，协调和交流沟通的能力则是一个人在实践中学会的。在实践中需要不断地尝试，也必然会犯些错误，如果在交流中犯了错误，就要虚怀若谷，乐于接受人家的意见，并学习人家的长处，这样才能有所进步。一个人要学会说："对不起，我不是这个意思。"我认为这也是一种真正的能力。

我对于护理工作总是有一种理念，在理念的交流和实践上我从来没有发生过大问题。幸运的是，人们愿意接受我的理念。当彼此拥有共同的目标时，一起共事就会轻松愉快。所以，我认为人力资源管理技能在很大程度上取决于对目标的交流沟通。当然，随着时间的推移，你会认识到如果没有进行充分有效的交流沟通，就会犯很多错误。

彼得·德鲁克： 所以，您认为首先是理念，这是您为什么选择护理职业的主要原因，或者说这是为什么您一直在从事护理工作的原因——这样一种理念确实是您从事这项职业的动机，是这样的吗？

罗克珊·斯皮策-莱曼： 我认为是这样的。同样，我认为也有部分原因是自己是女性，而护理工作是女性主导的职业。我在20世纪60年代毕业，当时女性的社会地位还不是很高，所以这也是我从事护理工作的一个原因。

彼得·德鲁克： 所以，您当时是怀着这样一种理念，能够与人交流沟通的动机和希望来从事护理工作的——希望成为一个领导者。难道没有人曾说过："罗克珊，不要太好强？"

罗克珊·斯皮策-莱曼： 他们到今天还在说这个呢。我是很好强，我不知道我的老板和同事对我说过多少次了："女孩，你太好强了！"但是当一个人确实有某种信仰时，没有进取心几乎是不可能的。有谁会说："我们不给病人提供最好的护理"。病人有权决定应该得到什么样的医疗服务，而不是由医院决定，我很早就这样认为。

彼得·德鲁克： 您刚才的话让我感到震惊。在与医疗卫生部门打交道的40年中，我所听到的都是这样说的："不要听病人的，只有我们知道什么是对的。"

罗克珊·斯皮策-莱曼： 我不知道怎么会是这样。我认为病人可能缺乏必要的相关知识，无法做出正确的决定。但是，我们有责任帮助他们获得相关的知识，使他们能够做出正确的决定。

彼得·德鲁克： 所以，您认为所有组织首先应该明确：我们在这里工作的目的是什么？

罗克珊·斯皮策-莱曼： 如果不清楚自己的使命，就不应在这里工作。

彼得·德鲁克： 罗克珊，您是一个有使命感的女性。我很想知道您是如何安排个人的生活和工作，来实现自己的使命的。

罗克珊·斯皮策-莱曼： 我一直很忙，我告诉您——我既要做一份全职工作，也要带一个十几岁的女儿，并且我自己还在读书。当然，上学读书和工作有助于我集中精力实现自己的使命。我 15 岁的女儿曾经很同情地问过我："妈妈，您为什么要做这么多的事情？"

当然，其中一个原因是自我鞭策，并不总是仅仅出于使命感，还出于自我实现的需要。如果没有使命的驱使，我就会找一份简单轻松的工作，还可能会整天悠闲地躺在南加利福尼亚的沙滩上享受美好的生活，这种诱惑经常会在我脑海中浮现。然而，一旦我想到如果我全力以赴地做好工作，就既可以改善患者的医疗服务，还可以提高员工的生活质量，这样一来，躺在沙滩上的诱惑立即消失了，就会觉得工作虽然艰难，但心情还是十分舒畅的。

而现在，在医院里我们将面临越来越多的诸如此类的挑战。

彼得·德鲁克： 在您之前不久，医院是一个很简单的组织，只有医生、护士和一些清洁工而已，但现在医院正变得非常复杂——有很多的科室和各种各样的服务项目。而且，您把使命的实现都集中在共同目标上：病人在离开医院前至少要比他们进来时有所改善。

到了年底，您如何知道使命的实现情况？成功之处是什么？在哪些方面您还可以改进？

罗克珊·斯皮策-莱曼： 这可以用具体的和抽象的两种方法来进行测评。

具体的方法是很容易说明的。我在办公桌右边放着一个记事本，每隔两个星期或一个月我就记上或删去一些事情。在记事本的一边列出我必须承担的主要工作任务，在另一边列出正在处理的事情，分别授权哪些人来完成，进展情况如何。当这些事情完成时，我就在上面画一条线。到了年底，我从头到尾把记事本看一遍，总是对于我们能够完成这么多事情感到震惊。然后，我们根据所记载的内容汇总成一份年度报告。我还运用了一些目标管理的方法，这种方法能够使我们明确工作的具体进展状况。

至于抽象的方法，我会回顾一下博士课程的进展情况。每通过一门课程，就像是朝着未来跨进了一大步。

但是，除了这些，其他方面我觉得很难测评。在工作上，我从来就没有觉得自己已经做得足够多或完成得足够好了。

彼得·德鲁克： 我们换个话题好吗？您刚才谈到您负责编制7000多万美元的业务预算，以及考核很多医疗服务的财务绩效。作为一个管理者和专业人士，您认为在商业性组织和非营利组织之间存在的最大差别是什么？

罗克珊·斯皮策－莱曼： 由于组织的生存发展必须要有竞争力，必须达到财务底线的要求，医疗卫生部门已经很像产业部门了。因此，我认为我的工作职能和在通用汽车、施乐和IBM之类公司工作的人几乎没有什么区别。我也要向客户递送产品，必须尽可能地降低成本。我必须确保客户满意，病人出院后最好不要再回来复诊，当然如果有这种必要，还是希望他们能回来继续治疗。所以我们也是在做生意，在我们周围充满竞争，特别是在南加利福尼亚，我们必须向客户更有效地递送产品和服务，必须有更好的产品、更合适的价格，这与宝洁公司没什么差别。

彼得·德鲁克： 您在个人的自我发展方面还谈得不多。刚才您已经谈到了导师，谈到了记录工作任务及完成情况的记事本，但是还不够多。

罗克珊·斯皮策－莱曼： 我认为最好的自我发展就是让其他人得到充分的发展。我感到很幸运的是，当我做错了，工作态度过于强硬或者不给他们足够的思考时间时，大家都会告诉我。

彼得·德鲁克：您会做些什么来鼓励同事进行自我发展呢？什么是最有效的方式？

罗克珊·斯皮策－莱曼：我会给他们提出各种问题，但不会给出答案，促使他们用头脑风暴法进行讨论和思考，然后引导大家共同完成工作任务。我的任务是建立愿景和目标，他们的任务则是找出如何一起来实现愿景和目标的方法。我相信，给大家提供充分的时间——时间是一个重要的因素，给大家提供并改进所需技能、工具和环境来做这些事情，就能够促进我个人的自我发展。我在行业里小有名气，是由于我手下的员工在我们共同制定决策时极具创造性。如果我明天就走了，我认为也不会有什么不同，他们还会继续做下去。

彼得·德鲁克：大家都认为您所从事的职业是非常辛苦的，从业人员都觉得压力实在太大。您也一定会有压力很大的时候，如何来进行调整恢复呢？

罗克珊·斯皮策－莱曼：随着灾难性的护士紧缺问题的出现，这就成了整个行业的问题。自我调整需要有良好的心态，如果能够让护士在护理工作上有充分的自主权，她们就会有良好的工作心态。如果能够给我自主权、尊重，以及在没有许多干涉的情况下对一项工作计划从头到尾的控制权，那么我就能够进行自我调整。

在这方面，我能举出的最好例子是有关我们首次开设外诊中心的。每个人都已经翘首盼望了好多年了，直到有一天我说："你们能让我一个人来做吗？你们能够让我调动各种所需资源从头到尾完成这件事吗？"于是我得到了房间、备品和器具等所需的东西，我们的外诊中心就顺利开张了。从中我得到了自我调整。其他的自我调整方式是个人生活，我喜欢烹饪、看戏和听音乐。去年我就学会了滑雪，并在滑雪场的斜坡上摔了很多跟斗。这使我能够进行充分的自我调整。我喜欢旅游，这些都是我个人自我调整的方法。

彼得·德鲁克：这是解决精力耗尽的经典方法。克服精力耗尽的办法是更努力地工作，显然这对您非常有效，不过对我是否有效，还得试试看才能确定。但是您还可以做很多和您工作完全不同的事情：看戏、滑雪、听音乐——您能充分调整自己的精神状态和情绪，我认为这很重要。

让我把主要内容理一理。对我来说，您刚才所讲的最重要的是："如果明天我就走了，我认为也不会有什么不同，他们会继续做下去。"这是对管理者的最高评价。建设一支卓越的团队，使我的工作、愿景和组织能够永久地延续下去，这才是真正的成功者。

然后，您强调了使命和集中精力获得理想的成果——治愈病人——的重要性，并且还反复强调了团队建设的重要性。领导就是发展其他人，这也是实现自我发展最为关键的。

5
小结：实践原则

对我而言，总结自我发展的最好方式是先来谈谈这样一个人：他使我第一次认识到自我发展在整个人生中究竟意味什么。他是一个犹太学者，20世纪50年代初我在一条山间小道上遇见了他。由于我们都在同一避暑胜地度假，并且都喜欢远足，因此有很多年我们都一起徒步旅行。他就是约书亚·亚伯拉姆斯（Joshua Abrams），在第二次世界大战爆发时已在法学院读书了。战争期间，他参加了海军并受了重伤，后来也一直没有完全康复。在35年后，战争中留下的创伤最终导致了他的死亡。

服完兵役后他任职于一所神学院。第一次遇见他时，他刚开始在美国中西部一座大城市筹建一所犹太教堂和犹太人的社区中心。一切都是从零开始的，但仅仅10年之后，它就成了全美规模最大的一座改革派犹太教堂，拥有四五千名教徒。

有一天我们正在徒步旅行时，他对我说："德鲁克，我已经决定离开犹太教堂，再一次一切重新开始。"这让我万分惊讶，我迷惑地看着他，完全听不懂他的意思。见状他又接着说："假如我继续留在这里，就再也学不到什么东西了。"一年后，他告诉我他决定加入青年事工（Youth Ministry）组织，到美国中西部一所著名大学担任牧师职务。当时是在1964～1965年。约书亚曾向我解释："我还很年轻，因此我能够理解年轻人的烦恼；此外，我已有了丰富的阅历，对于年轻人正在经历的大多数事情以及他们将来要遇到的各种挫折，我都有过切身的体验。"果然不出他的预料，此后不久，学生运动就在全美大学校园里蔓延开了，我的朋友成了这场运动的中流砥柱，是那些冲动而又迷茫的学生的精神支柱。在那些日子里，我遇到不少人这样跟我说："我知道您认识约书亚·亚伯拉姆斯，在我20岁时，我吸毒上瘾，差点丢了性命……当时还做过许多这样或那样的蠢事，是他挽救了我的性命。"

然后，在1973～1974年，在我们一起走路时，约书亚又一次让我感到震惊："作为大学牧师，我觉得我已没什么可做了。我已不再年轻了，无法跟年轻人很好地协调沟通了。我一直在考虑这个问题，现在决定应该去当老年人的牧师了，现在的老年人正在增加。"一两年后，他就离开了大学，来到了亚利桑那州的一个退休人口比较密集的城市，又一次从零开始创业。到去世时，他所创建的新型退休人士社区已拥有高达三四千人。他帮助那些孤独、丧偶和生病的人，不仅给他们带来了精神上的安慰，还竭尽所能地帮助他们解决物质上的困难。

约书亚是第一个向我阐述这样一种人生哲理的人："规划人生旅程是

你自己责无旁贷的责任，没有其他人可以替你规划。"这句话我向很多人反复转述过。在自我发展方面，他的人生规划向我们清晰地展示了两层含义：人的自我发展；做出贡献所需要的技能、特长和才能的发展。这是两大截然不同的发展任务。

自我发展应从服务着手，通过追求自身之外的理念，而非通过领导来实现。领导者不是天生的，也不是靠其他人培养成的——领导者是自我培养的。

要实现自我发展，需要集中精力。迈克尔·卡米（Michael Kami）是目前企业战略管理方面的权威领导人物，有一次他在黑板上画了一个方框，然后问道："请告诉我可以把什么放到方框里？是上帝还是资金？我可以帮助你们根据这两种情况分别制定战略，但究竟哪个有用得由你们自己来判断。"

而我则是通过问大家"希望被人记住的是什么"这个问题，来阐述自我发展的道理。根据圣·奥古斯丁的说法，这个问题是每个希望得到自我发展的人在刚成年时就应该思考的。问题的答案会随着我们自身的成熟而发生变化，这种变化是理所当然的。但一个人如果不去问这个问题，工作就不会有重点，事业发展就不会有方向，最终结果是得不到自我发展。应该通过发展自身的优势，增进技能，并把它们运用到工作中来谋求自我发展。老板可以为你的自我发展做很多事情，但无论老板怎样鞭策你，也都应该记住个人的自我发展的责任最终是要落到自己的肩上。

发展优势并不意味着可以忽略弱点，相反，必须时刻记住自己的弱点所在。一个人只有通过发展优势才能克服弱点，不要去走什么捷径。对工作不要过分苛责，但也不必委曲求全。学好手艺可以让你胜任工作，树立自尊。

其次，必须做好需要完成的工作任务。必须寻求外部的机会，应该从工作任务着手，而非从自身具备的条件着手。成就来自外部的需求和机会与内部的能力和优势的匹配结合，两者必须互相结合，必须互相匹配。

要有效地实现自我发展，必须双管齐下。一是不断改进——对已经做得很好的事情还要精益求精；二是进行变革——去做一些不同的事情。两者都是必要的，只关注变革而忽视已经做得好的方面是错误的。只有不断改进、循序渐进才能一步一步地取得阶段性成果，进入下一阶段。但只关注改进，而没有注意到现在已经到了必须以全新的方式做截然不同的事情的时候，同样是愚蠢的。

能够关注到变革时机的信号是自我发展的必要技能。应在成功而非在厄运当头时推进变革。留意日常工作任务，并扪心自问："需要对今天所掌握的情况马上进行讨论研究吗？我的工作有成效吗？还是要继续安于现状或者做些无用功？"

当你意识到情况发生了变化，需要不同的发展目标，选择另一条发展道路的时候，自我发展就成了自我超越。这是需要外界帮助的时候，比如良师益友能提供的有益帮助。在这种时候，你越是有进取心，取得成就越大，就越会沉迷于眼前的工作，尤其是那些紧迫的工作，更会使你沉迷其中难以自拔。而了解你的处境，善于指点迷津的局外高人会这样问你："你这样做还有什么意义吗？你这样做还能取得更大的成效收获吗？"

自我发展的途径并不难找，许多成功者都发现教学是其中最有效的方法之一。教师通常能比学生学到更多的东西。虽然并非每个人都有机会去当教师，也并非每个人都擅长或喜欢当教师，但每个人都有类似的机会——帮助其他人发展的机会。每个人如果和下属或同事坐下来认真讨论如何改进绩效和提高成效,就会知道在自我发展的过程中,究竟存在哪些能够促进发展的潜在方法。

自我发展的最佳方法可能是自我评估。从我个人的经验来看,这也让人们学会了谦虚。我过去总是痛苦地发现我应该做到的和实际做到的相差甚远。但慢慢地,在设定目标和取得实际成果方面都有了改进。自我评估这种方法让我能够集中精力做好我能够取得进展的事情,而放弃无效的计划,这些事情不仅浪费了我的资源,也浪费了客户和学生的宝贵资源。

自我发展既非高深的哲学,也非空泛的美好愿望,自我超越也非狂热的激情,两者都是需要付诸踏实的行动。你也许能够成为大人物,但在绝大多数情况下,你只能成为卓有成效和具有奉献精神的普通人。因此,我想请你用扪心自问的方式来结束本书:读了本书之后,明天你准备去做些什么事情?什么事情你不打算去做了?

译 者 后 记

2002年2月22日，美国总统G. W. 布什在清华大学发表演讲时，曾高度评价了志愿者与非营利组织对美国社会发展所做出的贡献。这是因为近30年来，美国的非营利组织迅速发展，在承担社会责任、维护社会秩序等方面扮演着越来越重要的角色。据统计，1991年美国有90万个非营利组织，到1994年已经达到100万个。非营利组织的发展吸引了大量志愿者的参与。美国平均每两个成年人中就有一个志愿者，总数超过8000万人，他们每周为一家或数家非营利组织工作近5小时，相当于1000万个全职工作岗位。如果计酬的话，即使按最低工资标准计算，总额也达1500亿美元，占美国GDP的5%左右。○

○ 张远凤.德鲁克论非营利组织管理［J］.外国经济与管理，2002（9）.

在全球范围内，非营利组织的建立和发展也正在如火如荼地进行。非营利组织——政府和企业之外的第三部门，作为一种社会力量正在崛起，我们正处于一种全球性的"结社革命"之中。㊀据约翰·霍普金斯在非营利性部门比较项目的研究成果，到1995年止，除宗教团体外，在调查的22个国家中，非营利性部门是一个1.1万亿美元的产业，它雇用了相当于近1900万个全职工作人员，其非营利性支出平均达到国内生产总值的4.6%，就业占所有服务行业就业的10%，占所有公共部门就业的27%。如果将这些国家的非营利性部门比作一个单独的国家，它将成为世界第八大经济体，比巴西、俄罗斯、加拿大和西班牙还要领先。㊁这场革命对当今世界的重要性丝毫不亚于民主国家的兴起对于19世纪后期世界的重要性。非营利组织兴起所带来的社会变革浪潮既影响到发达国家，也影响到发展中国家。㊂

虽然我们知道，非营利组织是指不以营利为目的、主要开展各种志愿性的公益或互益活动的非政府的社会组织，但这并不是一个明确的概念，因此有各种不同的称谓，非政府组织、慈善组织、第三部门、志愿组织、免税组织、中介组织等。㊃如果严格按照国际流行的定义标准，即美国约翰-霍普金斯大学莱斯特·萨拉蒙（Lester Salamon）教授提出的所谓"五特征法"：（1）组织性；（2）非政府性；（3）非营利性；（4）自治性；（5）志愿性。中国并不存在典型意义上的非营利组织。为了推动和

㊀ 莱斯特·萨拉蒙.非营利部门的崛起［J］.谭静,译.马克思主义与现实,2002（3）.
㊁ 蔡守秋.第三种调整机制——从环境资源保护和环境资源法角度进行研究（上、下）［J］.中国发展,2004（1-2）.
㊂ 莱斯特·萨拉蒙.非营利部门的崛起［J］.谭静,译.马克思主义与现实,2002（3）.
㊃ 唐斌.中国非营利组织研究的新进展［J］.南京社会科学,2005（7）.

促进非营利组织的发展，中国大多数学者更倾向于认为，只要是依法注册的正式组织，从事非营利性活动，满足志愿性和公益性要求，具有不同程度的独立性和自治性，就可称为非营利组织。㊀

在1978年前，中国不存在任何一个独立于政府的非营利组织。自改革开放以来，非营利组织在我国得到了长足的发展。组织的数量和种类迅速增加，组织的独立性明显增强，组织的合法性日益增大。到2002年年底，据民政部不完全统计，非营利组织的总体数量超过10万家，加上那些受现行条例限制难以进行合法登记而采取工商注册形式的非营利组织，规模已经在30万～50万家，在动用社会资源、提供公共服务、促进经济发展等方面，发挥着政府与企业难以取代的作用。与此相适应，政府与公众开始从拒绝非营利组织转变为接受或默认。20世纪90年代后，非营利组织的现实和观念在学术界取得了合法性。1998年6月，民政部将原先主管社会团体的"社团管理司"更名为"民间组织管理局"，意味着官方对民间非营利组织的认可。㊁

虽然非营利组织正在成为我国社会发展的一支重要力量，但发展潜力还远远没有得到充分发挥，存在资源不足、能力不足、缺乏自治和发展不平衡等方面的严重问题。资金、人才等资源不足之所以制约组织的发展，除了受到社会经济发展水平、制度环境与社会文化方面的限制之外，更重要的原因在于非营利组织自身的能力不足，包括组织的活动能力、管理能力、创新能力、扩张能力和可持续发展能力等。能力不足的背后是缺少具

㊀ 康晓光. NGO扶贫行为研究［M］. 北京：中国经济出版社，2001.
㊁ 蔡守秋. 第三种调整机制——从环境资源保护和环境资源法角度进行研究（上、下）［J］. 中国发展，2004（1-2）.

有管理创新能力的领导人。⊖另外,我国的非营利组织的研究主要集中在制度环境方面,对组织管理方面进行深入研究的学者似乎不多,还停留在一个比较初级的阶段。正是基于这样一种管理实践和研究的滞后状况,管理大师彼得·德鲁克的《非营利组织的管理》将会对我们的研究和实践的深入推进,产生及时而有效的指导和促进作用。

早在1978年,德鲁克就提出:"非营利组织还仅仅是一个新近出现的现象,但我们确实认为非营利组织需要管理。"在此后20多年,德鲁克一直致力于研究非营利组织的管理问题,发表多篇有广泛影响力的文章,并在1990年出版了开创性著作——《非营利组织的管理》,对这一管理的新领域做了全面总结。⊜在20世纪90年代末和21世纪初,正当整个世界都在举目注视电子商务时,德鲁克指出了管理学真正的新领域——非营利组织,"系统化、原则性和基于理论的管理能迅速地使非营利组织产生最大的绩效。"现在,非营利组织管理已经成为管理实践与管理理论的新领域。《哈佛商业评论》这样的权威管理期刊也为这一领域开辟了栏目。

在《非营利组织的管理》中,德鲁克从确立使命、从使命到成果、绩效管理、人力资源与关系网络和自我发展五个方面系统而全面地阐述了非营利组织管理的问题,涉及了组织使命和目标的确立及领导作用、目标管理中的市场营销、创新和基金发展的有效战略、绩效管理中的绩效定义与测评、人力资源管理和诸如职员、董事会、志愿者和社区一类的利益相关者管理,以及组织中各管理层级人员的自我发展等一系列问题。德鲁克的

⊖ 王名,贾西津.中国非营利组织:定义、发展与政策建议[C].范丽珠.全球化下的社会变迁与非政府组织[C].上海:上海人民出版社,2003.
⊜ 张远凤.德鲁克论非营利组织管理[J].外国经济与管理,2002(9).

管理思想直接来源于管理实践，这使他对现实的管理问题保持着高度的敏感性。他的《非营利组织的管理》就像迷雾中的灯塔，为非营利组织的管理者指明了方向，为实现组织的使命提供了行之有效的管理方法，也为我国的非营利组织领域的学习者和研究者树立了一座丰碑。

  本书在翻译过程中得到了浙江师范大学工商管理学院不少老师和同学的帮助。徐虹老师和汪彬、黄京霞、周建秀同学做了部分初步翻译工作，倪建明老师和赵凌慧、汪彬、梁玲、周建秀同学及浙江财经学院的柳仕莺老师对翻译稿件进行了认真仔细的校对。另外，还得到了张国胜书记和乐鹏、李绩才、李俊宁老师及黄雪波、陈鸽等同学的热情帮助，机械工业出版社的编辑在翻译过程中给予了悉心的指导，在此一并致以衷心的感谢！由于我们学识有限，翻译过程中难免存在不当之处，敬请专家读者不吝指正！

吴振阳

彼得·德鲁克全集

序号	书名	要点提示
1	工业人的未来 The Future of Industrial Man	工业社会三部曲之一，帮助读者理解工业社会的基本单元——企业及其管理的全貌
2	公司的概念 Concept of the Corporation	工业社会三部曲之一，揭示组织如何运行，它所面临的挑战、问题和遵循的基本原理
3	新社会 The New Society：The Anatomy of Industrial Order	工业社会三部曲之一，堪称一部预言，书中揭示的趋势在短短十几年都变成了现实，体现了德鲁克在管理、社会、政治、历史和心理方面的高度智慧
4	管理的实践 The Practice of Management	德鲁克因为这本书开创了管理"学科"，奠定了现代管理学之父的地位
5	已经发生的未来 Landmarks of Tomorrow：A Report on the New "Post-Modern" World	论述了"后现代"新世界的思想转变，阐述了世界面临的四个现实性挑战，关注人类存在的精神实质
6	为成果而管理 Managing for Results	探讨企业为创造经济绩效和经济成果，必须完成的经济任务
7	卓有成效的管理者 The Effective Executive	彼得·德鲁克最为畅销的一本书，谈个人管理，包含了目标管理与时间管理等决定个人是否能卓有成效的关键问题
8 ☆	不连续的时代 The Age of Discontinuity	应对社会巨变的行动纲领，德鲁克洞察未来的巅峰之作
9 ☆	面向未来的管理者 Preparing Tomorrow's Business Leaders Today	德鲁克编辑的文集，探讨商业系统和商学院五十年的结构变化，以及成为未来的商业领袖需要做哪些准备
10 ☆	技术与管理 Technology，Management and Society	从技术及其历史说起，探讨从事工作之人的问题，旨在启发人们如何努力使自己变得卓有成效
11 ☆	人与商业 Men，Ideas，and Politics	侧重商业与社会，把握根本性的商业变革、思想与行为之间的关系，在结构复杂的组织中发挥领导力
12	管理：使命、责任、实践（实践篇） Management:Tasks,Responsibilities,Practices	
13	管理：使命、责任、实践（使命篇） Management:Tasks,Responsibilities,Practices	为管理者提供一套指引管理者实践的条理化"认知体系"
14	管理：使命、责任、实践（责任篇） Management:Tasks,Responsibilities,Practices	
15	养老金革命 The Pension Fund Revolution	探讨人口老龄化社会下，养老金革命给美国经济带来的影响
16	人与绩效：德鲁克论管理精华 People and Performance: The Best of Peter Drucker on Management	广义文化背景中，管理复杂而又不断变化的维度与任务，提出了诸多开创性意见
17 ☆	认识管理 An Introductory View of Management	德鲁克写给步入管理殿堂者的通识入门书
18	德鲁克经典管理案例解析（纪念版） Management Cases(Revised Edition)	提出管理中10个经典场景，将管理原理应用于实践

彼得·德鲁克全集

序号	书名	要点提示
19	旁观者：管理大师德鲁克回忆录 Adventures of a Bystander	德鲁克回忆录
20	动荡时代的管理 Managing in Turbulent Times	在动荡的商业环境中，高管理层、中级管理层和一线主管应该做什么
21 ☆	迈向经济新纪元 Toward the Next Economics and Other Essays	社会动态变化及其对企业等组织机构的影响
22 ☆	时代变局中的管理者 The Changing World of the Executive	管理者的角色内涵的变化、他们的任务和使命、面临的问题和机遇以及他们的发展趋势
23	最后的完美世界 The Last of All Possible Worlds	德鲁克生平仅著两部小说之一
24	行善的诱惑 The Temptation to Do Good	德鲁克生平仅著两部小说之一
25	创新与企业家精神 Innovation and Entrepreneurship:Practice and Principles	探讨创新的原则，使创新成为提升绩效的利器
26	管理前沿 The Frontiers of Management	德鲁克对未来企业成功经营策略和方法的预测
27	管理新现实 The New Realities	理解世界政治、政府、经济、信息技术和商业的必读之作
28	非营利组织的管理 Managing the Non-Profit Organization	探讨非营利组织如何实现社会价值
29	管理未来 Managing for the Future:The 1990s and Beyond	解决经理人身边的经济、人、管理、组织等企业内外的具体问题
30 ☆	生态愿景 The Ecological Vision	对个人与社会关系的探讨，对经济、技术、艺术的审视等
31 ☆	知识社会 Post-Capitalist Society	探索与分析了我们如何从一个基于资本、土地和劳动力的社会，转向一个以知识作为主要资源、以组织作为核心结构的社会
32	巨变时代的管理 Managing in a Time of Great Change	德鲁克探讨变革时代的管理与管理者、组织面临的变革与挑战、世界区域经济的力量和趋势分析、政府及社会管理的洞见
33	德鲁克看中国与日本：德鲁克对话"日本商业圣手"中内功 Drucker on Asia	明确指出了自由市场和自由企业，中日两国等所面临的挑战，个人、企业的应对方法
34	德鲁克论管理 Peter Drucker on the Profession of Management	德鲁克发表于《哈佛商业评论》的文章精心编纂，聚焦管理问题的"答案之书"
35	21世纪的管理挑战 Management Challenges for the 21st Century	德鲁克从6大方面深刻分析管理者和知识工作者个人正面临的挑战
36	德鲁克管理思想精要 The Essential Drucker	从德鲁克60年管理工作经历和作品中精心挑选、编写而成，德鲁克管理思想的精髓
37	下一个社会的管理 Managing in the Next Society	探讨管理者如何利用这些人口因素与信息革命的巨变，知识工作者的崛起等变化，将之转变成企业的机会
38	功能社会：德鲁克自选集 A Functioning society	汇集了德鲁克在社区、社会和政治结构领域的观点
39 ☆	德鲁克演讲实录 The Drucker Lectures	德鲁克60年经典演讲集锦，感悟大师思想的发展历程
40	管理（原书修订版） Management(Revised Edition)	融入了德鲁克于1974~2005年间有关管理的著述
41	卓有成效管理者的实践（纪念版） The Effective Executive in Action	一本教你做正确的事，继而实现卓有成效的日志笔记本式作品

注：序号有标记的书是新增引进翻译出版的作品

欧洲管理经典 全套精装

欧洲最有影响的管理大师
（奥）弗雷德蒙德·马利克 著

超越极限

如何通过正确的管理方式和良好的自我管理超越个人极限，敢于去尝试一些看似不可能完成的事。

转变：应对复杂新世界的思维方式

在这个巨变的时代，不学会转变，错将是你的常态，这个世界将会残酷惩罚不转变的人。

管理成就生活（原书第2版）

写给那些希望做好管理的人、希望过上高品质的生活的人。不管处在什么职位，人人都要讲管理，出效率，过好生活。

管理：技艺之精髓

帮助管理者和普通员工更加专业、更有成效地完成其职业生涯中各种极具挑战性的任务。

战略：应对复杂新世界的导航仪

制定和实施战略的系统工具，有效帮助组织明确发展方向。

公司策略与公司治理：如何进行自我管理

公司治理的工具箱，帮助企业创建自我管理的良好生态系统。

正确的公司治理:发挥公司监事会的效率应对复杂情况

基于30年的实践与研究，指导企业避免短期行为，打造后劲十足的健康企业。